Deutschland
Allemagne · Germany

Deutschland
Allemagne · Germany

Text / Textes de / Text:
Horst Krüger

SIGLOCH
EDITION

Frontispiz auf Seite 2 und 3: Brandenburger Tor und Reichstagsgebäude in Berlin. In diesen Symbolen manifestiert sich deutsche Vergangenheit und Zukunft: das Brandenburger Tor mit der Siegesgöttin auf dem Viergespann – in den Ostteil der Stadt blikkend –, rechts daneben die schwarz-rot-goldene Fahne auf dem Reichstagsgebäude, in das der Bundestag einziehen wird.

Photo des pages 2 et 3: La porte de Brandebourg et le bâtiment du Reichstag à Berlin. Ces symboles incarnent le passé et l'avenir de l'Allemagne: la porte de Brandebourg avec la déesse de la Victoire sur le quadrige – tournée vers la partie est de la ville –, à côté, à droite, le drapeau noir, rouge et or sur le bâtiment du Reichstag où s'installera le Parlement allemand.

Frontispiece on pages 2 and 3: The Brandenburg Gate and the Reichstag Building in Berlin. Two symbols of past and future Germany: the Brandenburg Gate with the Goddess of Victory on the Quadriga – looking towards the eastern part of the city –, and, on the right, the black, red, and gold flag on the Reichstag Building, which will house the German parliament.

Französische Fassung: Marlène Kehayoff-Michel
Englische Fassung: Desmond Clayton

© Sigloch Edition, Zeppelinstraße 35 a,
D-74653 Künzelsau
Nachdruck verboten. Alle Rechte vorbehalten.
Printed in Germany
Reproduktion: PHG-Lithos, Martinsried
Druck: Mairs Graphische Betriebe, Ostfildern
Papier: 150 g/m² EURO ART glänzend,
PWA Grafische Papiere GmbH, Raubling
Bindearbeiten: Sigloch Buchbinderei, Künzelsau
ISBN 3-89393-077-9

Inhalt

Berlin und Brandenburg   6
   Berlin bleibt doch Berlin

Entlang der Küste   28
   Wo das Meer zu schmecken ist

Im Flachland   52

An Rhein und Ruhr   76
   Im Ruhrgebiet

Zwischen Harz und Eifel   98
   Wo einst Grenzland war

Martin Luthers Land   128
   Erfurt zum Beispiel

Das Musterländle   154
   Wo nicht nur der Weinbau blüht

Unser Freistaat   178
   Unser Urlaubsland

Register   206

Sommaire

Berlin et Brandebourg   6
   Berlin reste quand même Berlin

Le long de la côte   28
   Où l'on peut goûter la mer

Dans le pays plat   52

Sur le Rhin et la Ruhr   76
   Dans la région de la Ruhr

Entre le Harz et l'Eifel   98
   Où il avait autrefois une frontière

Le pays de Martin Luther   128
   Erfurt par exemple

Le pays modèle   154
   Le pays où il n'a pas que de vignobles

Des montagnes entre autres   178
   Notre région de vacances

Index alphabétique   206

Contents

Berlin and Brandenburg   6
   Berlin is still Berlin

Along the Coast   28
   Where you can taste the sea

In the Lowlands   52

On the Rhine and Ruhr   76
   In the Ruhr District

Between the Harz and Eifel Mountains   98
   Where the border used to run

Martin Luther's Land   128
   Erfurt, for example

The South-West   154
   Land of wine and plenty more

Mountains and Much More   178
   Our holiday country

Alphabetical Index   206

Berlin und Brandenburg

Berlin bleibt doch Berlin

Wieder einmal in der alten Hauptstadt gewesen. Eine Woche Berlin belebt und beschwingt immer noch. Eine Woche Berlin erfrischt ungemein. Heutzutage, wo die Wahrheiten der Gesellschaft von den Textern der Werbeindustrie bestens vorformuliert werden, muß man bestätigen: Ja schon, Berlin tut gut. Es ist schön, dort Gast zu sein.

Wieder einmal ein eigenes Bröckchen entdeckt in Preußens großem Mutterkuchen. Immer meint man, als alter Berliner, die Stadt zu kennen. Immer noch kommen Entdeckungen hinzu: Die Abenteuer der Nähe, die ich so liebe. Diesmal war es die Kantstraße, rund um den Savignyplatz. Was für mich bislang nur eine S-Bahn-Station vorm Zoo war, entpuppte sich diesmal als ideales Quartier für Touristen. Ich hatte nur hier im immer überfüllten Berlin eine kleine Pension gefunden. Am Zoo sind ja jetzt alle Hotels ausgebucht. Hier am Savignyplatz war Platz.

Alles deutlich billiger, bescheidener, aber auch amüsanter. Welch ein Sumpf für Flaneure! Welch ein Gewirr und Gewusel von kleinen Geschäften: Kneipen, Waschsalons, Fotoläden, Privatpensionen, Autovermietungen. Dienstleistungen jeglicher Art. Auch an Bestattungsinstituten kein Mangel. Daneben ein Radiogeschäft, in polnischer Sprache geführt, eingeklemmt zwischen Bolle und Aldi. Das ist heute Charlottenburgs unvergleichlicher Charme.

Am Savignyplatz ziehen keine Touristenherden aus Wanne-Eickel oder Osnabrück nachts um zwölf grölend über den Asphalt, wie man es

Berlin et Brandebourg

Berlin reste quand même Berlin

Encore une fois, je me suis retrouvé dans l'ancienne capitale. Rien de mieux qu'une semaine à Berlin pour vous ragaillardir, vous mettre en gaieté. Une semaine à Berlin, c'est terriblement rafraîchissant. Aujourd'hui, où les publicitaires s'entendent à merveille à formuler à l'avance les faits de notre société, force est de reconnaître: oui, c'est vrai, Berlin fait du bien. C'est agréable d'y être en visite.

Et encore une fois ce fut la découverte d'un petit morceau du grand gâteau de la Prusse. Quand on est un vieux Berlinois, on croit connaître la ville. Et pourtant on finit toujours par faire des découvertes: C'est une expérience que j'aime.

Cette fois ce fut la Kantstrasse, près de la Savignyplatz. Ce qui n'était pour moi jusqu'à présent qu'une station de train de banlieue avant le zoo, s'est révélé être un quartier idéal pour touristes. C'était le seul endroit à Berlin où j'avais pu trouver une chambre. Près du zoo, tous les hôtels affichaient complets. Ici, sur la Savignyplatz, il y avait de la place.

Ici, tout est nettement meilleur marché, plus modeste mais aussi plus amusant. Quel endroit pour les flâneurs! Quel labyrinthe, quelle foule de petits magasins: bistrots, salons de lavage, magasins de photo, pensions de famille, locations de voitures. Des services de toutes sortes. Pas de pénurie non plus d'entreprises de pompes funèbres. Un magasin de radio dont le patron parle polonais est flanqué de deux supermarchés. C'est ce qui fait aujourd'hui le charme incomparable de Charlottenburg.

Berlin and Brandenburg

Berlin is still Berlin

I have been back in the old capital once again to find that a week in Berlin is still a stimulating experience. These days, when the facts of our society are always effectively formulated in advance by the ad-men, it must be admitted: yes, Berlin is good for you. It is wonderful to be a visitor in Berlin.

How gratifying to discover for oneself yet another currant in Prussia's big bun! As an old Berliner, one likes to think that one knows the town. But there are always new things to discover — adventures on home ground of the kind I love so much.

This time it was Kantstrasse, near Savignyplatz. What I had always regarded simply as the next stop on the urban railway after the Zoo this time turned out to be an ideal quarter for tourists. It was the only place where I could find a room in overcrowded Berlin. All the hotels directly around the Zoo were full — Savignyplatz in the borough of Charlottenburg was the only answer.

Here everything is noticeably cheaper, more modest, but also more amusing. What a place for city idlers! What a confusion of small shops and businesses: pubs, washing saloons, photo shops, boarding houses, car rental offices. Services of all kinds — including plenty of funeral parlours. A radio shop, run by a Polish-speaking owner, flanked by supermarkets. These are the elements that make up the incomparable charm of the Charlottenburg area today.

You hear no herds of shouting and singing tourists from the rest of Germany marching through

rund um die Gedächtniskirche kennt. Hier kommen nur Kenner her, Leute vom Funk und vom Fernsehen und von der lokalen Kunstszene. Die Menschen hier wirken bescheidener, solider. Die Schickimicki-Bohème der Feintuer ist hier unbekannt. Der Portier meiner Pension war eher ein Conférencier. Immer hatte er eine kesse Redensart auf der Pfanne, wenn ich seine Loge passierte. Alte Berliner Schnoddrigkeiten, die ich noch aus meiner Jugend kenne und liebe. Auch Goethe sprach ja schon zu seiner Zeit von dem »verwegenen Schlag«, der hier zu Hause sei.

Das alles hat seine historischen Wurzeln. Berlin war vor allem im 19. Jahrhundert das Mekka der Osteuropäer. Hier wanderten immer die kleinen Leute aus Lemberg und Wilna, aus dem Baltikum und der Ukraine ein. Wo die Slawen siedelten, ist mehr zwischenmenschliche Nähe und Wärme zu Hause, auch kleinbürgerlicher Mief an den Rändern. Alle Bauelemente Berliner Geschichte: schlesische Schlappigkeiten, polnische Absurditäten, auch Reste von preußischer Ordnung nisten zusammen.

Seit unserer Jahrhundertmitte jetzt die Ansiedlung der Türken, nicht nur am Kreuzberg. Im Neudeutsch unserer neunziger Jahre nennt man das alte Phänomen heute die »multikulturelle Gesellschaft«. Irgendwie klingt das vornehmer, beinahe nach Adorno oder Cohn-Bendit. Es meint die alte Besiedlungsgeschichte der Stadt.

Berlin ist jetzt wieder unsere Hauptstadt, unverbrüchlich. Wie schön, wie gut, wir hatten es ja im Grundgesetz verbürgt. Aber, auch das muß man sehen, es ist natürlich nicht mehr unsere alte Reichshauptstadt von einst. Dazu fehlt doch wohl einiges: Pommern, Ostpreußen, Schlesien zum Beispiel. Berlin ist auch nicht mehr Zentrum, es ist bedenklich an den Rand gerückt, es liegt nur noch achtzig Kilometer von der polnischen Grenze entfernt, zu weit also, um noch Deutschlands Mitte zu sein.

Das mag für die kommenden Entwicklungen Osteuropas auch seine Vorzüge haben. Es mag für die Menschen aus der früheren DDR sogar unverzichtbar sein, für ihre gesamtdeutsche

Vous ne voyez pas ici des hordes de touristes déambuler à minuit en braillant comme c'est le cas autour de la Gedächtniskirche. Ici, il n'y a que des connaisseurs, des gens de la radio et de la télévision ou des milieux artistiques locaux. Les gens ici ont l'air plus modeste, plus sérieux. La bohème du jet-set y est inconnue. Le portier de ma pension avait plutôt l'allure d'un maître de cérémonies. Chaque fois que je passais devant sa loge, il avait un bon mot à la bouche. Les bonnes vieilles blagues berlinoises que je connais de ma jeunesse et que j'aime tant. De son temps déjà, Goethe parlait de «l'espèce impertinente» que l'on rencontre ici. Tout cela a ses racines historiques. Au XIXᵉ siècle surtout, Berlin fut la Mecque des Européens de l'Est. Les petites gens qui émigraient de Lvov et de Vilnius, des pays de la Baltique et de l'Ukraine se retrouvaient ici. Et dans les quartiers où les Slaves se sont installés, il y a plus de contacts humains, de chaleur mais aussi d'esprit petit-bourgeois sur les bords. Tout cela constitue les éléments qui ont fait l'histoire de Berlin: l'indolence silésienne, les absurdités polonaises, des restes également de l'ordre prussien cohabitent ici.

Depuis le milieu de notre siècle, les Turcs se sont implantés en force, et pas seulement dans le quartier du Kreuzberg. Dans le néo-allemand des années 90, ce vieux phénomène est appelé la «société multiculturelle». En quelque sorte, cela fait plus distingué, c'est presque le langage d'Adorno ou de Cohn-Bendit. Mais c'est toujours le même processus d'implantation que connaît Berlin depuis longtemps.

Berlin est de nouveau notre capitale, à toute épreuve. Que c'est bien, que c'est juste; après tout, c'était ancré dans notre constitution, la Loi fondamentale. Mais il faut le reconnaître, ce n'est plus bien sûr notre ancienne capitale impériale. Il manque en effet quelques éléments de l'ancien empire: la Poméranie, la Prusse orientale, la Silésie par exemple. Géographiquement, Berlin n'est plus au cœur du pays, la ville n'est plus qu'à quatre-vingts kilomètres de la frontière polonaise et est donc bien loin d'être le centre de l'Allemagne.

the streets at night near Savignyplatz as you do nearer the centre, round the Gedächtniskirche (Memorial Church), for example. Only the connoisseurs come here, people from radio and television, and from the local artistic community. The people here look more modest, steadier. The fashionable would-be Bohemians do not penetrate to this corner. The porter at my boarding house was more like a master of ceremonies; he always had a quip ready when I passed his desk – old Berlin jokes and witticisms which I remember and love from my youth. Goethe already spoke of the "audacious tribe" that lived here.

This all has its historical roots. Berlin, particularly in the 19th century, was the Mecca of the east Europeans. It was to Berlin that working class people from Lemberg and Vilna, from the Baltic states and the Ukraine moved. In the quarters where the Slavs settled there is more human contact and warmth, but also petit-bourgeois stuffiness here and there. They all contributed their characteristics to the history of Berlin: Silesian slackness, Polish absurdities, and also fragments of Prussian orderliness are to be found side by side.

Since the middle of our century the Turks have arrived in the form of "guest workers", and not only in the Kreuzberg area. In the neo-German of the 1990's the old phenomenon is called the "multicultural society". It sounds grander, but all it refers to is the process of settlement of Berlin that has been going on for a long time.

Berlin is the German capital once again. How splendid, how right – it was, after all, laid down in the West German Basic Law, or constitution. But it must be realized that it is, of course, no longer identical with our old imperial capital, as a number of pieces of the former empire are missing: Pomerania, East Prussia, and Silesia, for example. Berlin also no longer occupies a geographically central position; it is only eighty kilometres from the Polish border, and therefore far removed from being Germany's centre. This may have some advantages with regard to future developments in eastern Europe. It may even be an essential requirement if the people

Integration. Berlin wird aber nie mehr jener Magnet sein, der es in den zwanziger Jahren war. Für die Völker Osteuropas wird Berlin immer ein Traumziel bleiben. Für die Stars aus der westlichen Welt wird es an Attraktivität etwas einbüßen. Es wird nur noch ein Kulturzentrum unter fünf oder sechs anderen Zentren sein, die in sich gleichwertig sind.

Das vereinte Deutschland wird viel stärker aus seiner föderalen Struktur leben, was sicher ein Gewinn ist. Um Kultur zu erleben, muß man nicht mehr nach Berlin. Man wird großes Theater gleichwertig in München, großes Ballett gleichwertig in Stuttgart, die Presse in Hamburg, in Köln die elektronischen Medien und in Frankfurt natürlich die Finanzwelt bestens vertreten sehen. Das heißt, die eine Weile so heiß umkämpfte Hauptstadtfrage wird einfach an Wichtigkeit verlieren. Berlin ist nicht mehr so führend, daß man unbedingt dorthin muß, um eine Karriere zu machen. So verstummen Streitfragen. Ihre Brisanz entfällt.

Die Zeit der alles beherrschenden Metropolen ist ohnehin vorbei. Sie entstammt im Grunde noch der feudalen Gesellschaft. Die Hauptstadt war, wo das Kaiserhaus residierte. Der König war immer das Zentrum. Frankreich, auch Großbritannien leiden noch heute unter der Dominanz ihrer großen Kapitalen. Das Leben dort wird zur Qual, das Umland sinkt zur Provinz ab, die Kapitale ist wie ein Blutsauger, sie bereichert sich auf Kosten des ganzen Landes.

Ein Deutschland ohne beherrschende Hauptstadt kann also ein großer Gewinn sein. Das hat schon Bonn in der Nachkriegszeit gezeigt. Es funktionierte als Regierungssitz vorzüglich, obwohl es als Hauptstadt der Deutschen immer etwas erheiternd wirkte. Bonn wurde trotzdem in der Welt hoch respektiert. Was das heißt? Der Föderalismus entfaltet die Kräfte einer Nation viel reicher. Wer heute in Frankfurt lebt, lebt zentraler, perspektivreicher. Jeder Urlauber aus Kiel oder Lübeck erfährt das auf der Autobahn. Erst, wenn er nach langer Fahrt am Frankfurter Kreuz angekommen ist, dann verspürt man erste Südfreundlichkeit. Die Stadt ist einfach der Anfang von Süddeutschland.

Cela peut avoir certains avantages pour les futurs développments en Europe de l'Est. C'est peut-être également essentiel pour les habitants de l'ancienne RDA, pour leur intégration dans l'Allemagne réunifiée. Mais Berlin ne sera jamais plus l'aimant qu'il était dans les années vingt, sauf pour les populations de l'Europe de l'Est. Pour les stars du monde occidental, la ville perdra un peu de son attrait. Ce ne sera qu'un des cinq ou six autres centres culturels d'égale importance.

L'Allemagne réunifiée s'appuyera encore plus sur sa structure fédérale, ce qui est certainement une bonne chose. Pour vivre de grands moments culturels, il ne sera pas forcément nécessaire d'aller dans la capitale. Il y aura d'aussi bons théâtres à Munich, on verra d'aussi bons spectacles de ballet à Stuttgart, la presse sera aussi bien représentée à Hambourg, les medias électroniques à Cologne et le monde financier à Francfort. En d'autres termes, la question du site de la capitale, si âprement discutée pendant un certain temps, perdra tout simplement de son importance. Berlin n'a plus désormais une position dirigeante et il n'est plus obligatoire d'y aller pour faire carrière. C'est ainsi que les questions controversées perdent de leur force explosive.

De toute façon, l'époque des métropoles omnipotentes est révolue. C'était en fait un résidu de la société féodale. La capitale était là où résidait la maison impériale, où se trouvait le roi ou l'empereur. La France, et aussi la Grande-Bretagne, souffrent aujourd'hui encore de la prédominance de leurs grandes capitales. La vie y est un fardeau pour les habitants et tout ce qui entoure la capitale plonge dans le provincialisme, la capitale est comme une sangsue, elle se nourrit aux dépens de tout le pays.

Une Allemagne sans capitale dominante pourrait donc être d'un grand avantage. C'est ce qu'a déjà démontré Bonn au cours de l'après-guerre. Comme siège du gouvernement, la ville a fort bien fonctionné même si l'idée de Bonn comme capitale allemande a toujours semblé un peu ridicule. Malgré tout, Bonn a été extrêmement respecté dans le monde. Il semble

in the former GDR are to be truly integrated in reunited Germany. But Berlin will never again be the magnet that it was in the 1920's – except for the peoples of eastern Europe. For the stars of the western world it will lose something of its attraction. It will only be one of five or six other cultural German centres of more or less equal importance.

Federal considerations will play a much greater role in reunited Germany, which is certainly a good thing. For cultural highlights it will not be necessary to go to the capital. There will be equally good theatres in Munich, equally good ballet in Stuttgart; the press will also be equally well represented in Hamburg, the electronic media in Cologne, and the financial world in Frankfurt. This will mean that the question of the site of the capital, so hotly debated for a while, will lose its importance. Berlin is no longer so dominant that it will be essential to go there in order to make a career. That is how heated controversies simply cool off, and lose their urgency.

The age of the all-important metropolis is in any case a thing of the past. It is fundamentally a left-over of the feudal society. The capital, or centre, was the place where the king or emperor resided. Both France and Britain suffer from the dominance of their large capitals. Life there is a burden for the inhabitants, and the surrounding country deteriorates into provincialism; the capital is a glutton that grows fat at the expense of the whole country.

So the lack of a dominant capital could be a great advantage to Germany. This was already made clear in the post-war period by Bonn, which functioned as seat of government extremely well, although the idea of Bonn being the German capital nevertheless always seemed slightly ridiculous. And yet Bonn was highly respected in the world at large. It seems that federalism develops a nation's potential much more effectively than centralism. Today, people living in Frankfurt, for example, have a much more central position, with far greater perspectives than they would if there were an all-powerful capital. Every holidaymaker coming

Gartenfront des Charlottenburger Schlosses.
Ganze einhundert Jahre dauerte der Bau des einzigen noch erhaltenen Hohenzollernschlosses in Berlin, das im Krieg zerstört wurde. Seit 1950 wurde es kontinuierlich wiederaufgebaut und kann heute für Empfänge und Konzerte genutzt werden.

Façade-jardin du château de Charlottenburg. *La construction de l'unique château des Hohenzollern encore conservé à Berlin a duré un siècle. Détruit pendant la dernière guerre, il a été reconstruit en permanence depuis 1950 et peut servir aujourd'hui de cadre à des réceptions et des concerts.*

The garden front of Charlottenburg Palace. *The only surviving Hohenzollern palace in Berlin took a full hundred years to build. It was destroyed during the war, but since 1950 has been continuously rebuilt, and can now be used for receptions and concerts.*

Heißt das, ich würde Berlin vergessen, je? Heißt das, ich würde den Osten schnöde abschreiben? Ach, keine Spur. Es bleiben Bindungen vielfachster Art, gerade hier.
Im Westen gibt es heute so etwas wie eine gesamtdeutsche Verantwortlichkeit. Man denke nur an die Herren Biedenkopf oder Vogel. Es gibt viele andere. Manchmal, phantasierend, träumend sehe ich mich selber in dieser Schlange. Ich bilde mir dann ein, ich sei erst Anfang fünfzig, ich bilde mir weiter ein, der Ministerpräsident von Brandenburg zum Beispiel würde mir ein Angebot machen. Er würde mich berufen, nicht gerade zum Kultusminister seines neuen Landes. Es würde mir schon der Posten eines Kulturdezernenten im Stadtrat von Potsdam genügen. Und ich? Ich würde nach einigem Zögern natürlich annehmen. Es wäre eine Aufgabe, die mich reizen könnte. Ich würde alle Argumente für Frankfurt, die ich so beredt hier ausbreite, klammheimlich beiseite schieben, dann langsam vergessen. Als Kulturdezernent von Potsdam, würde ich sagen, kann man etwas bewirken. Es ist wichtig.
Ich würde also doch nach Berlin ziehen. Ich würde vermutlich am Savignyplatz eine Wohnung suchen. Ich würde schließlich jeden Morgen mit der S-Bahn nach Potsdam fahren, um-

donc que le fédéralisme développe les forces d'une nation d'une manière beaucoup plus efficace que le centralisme. Ainsi, par exemple, les gens qui vivent à Francfort ont une position beaucoup plus centrale que s'ils se trouvaient dans une capitale toute-puissante. N'importe quel vacancier venant de Kiel ou de Lübeck s'en rend compte sur l'autoroute. Après un long trajet, quand il arrive finalement au croisement autoroutier de Francfort, il sent qu'il arrive au sud. La ville est effectivement le début de l'Allemagne du Sud.
Cela voudrait-il dire que je pourrais oublier Berlin? Que je pourrais tout simplement faire mon deuil de l'Est de l'Allemagne? Nullement. Il y a trop de liens des plus divers, précisément ici. Aujourd'hui, dans l'ouest de l'Allemagne, il y a comme une responsabilité panallemande. De nombreux hommes politiques ouest-allemands en ont fait la démonstration en allant à l'est.

down from Kiel or Lübeck can sense that without even leaving the autobahn. After a long drive, when he finally arrives at the Frankfurt autobahn intersection, he feels that he is approaching the south. Yes: the city of Frankfurt is the beginning of south Germany.
Does that mean that I would ever forget Berlin? Does that mean that I could simply write off the east of Germany? Certainly not! There are too many ties of the most diverse kind.
At present, the west of Germany bears a responsibility for Germany as a whole. Many west German politicians have made that clear by going east, as it were. Sometimes, when daydreaming, I see myself in such a role. I then imagine that I am only in my early fifties, and that the Prime Minister of the newly-formed state of Brandenburg, for example, offers me an appointment – not necessarily as minister of education and the arts. A post as arts director for

weltschonend, würde ich sagen. Es ist nicht so weit, wie man denkt, würde ich sagen. Schon 1935 fuhr unser Eichkamper Nachbar, der Direktor bei den Junkerswerken war, mit dem Dienstwagen jeden Morgen nach Dessau. Im Osten ist man ganz andere Entfernungen gewöhnt.

Was das Ganze soll? Ich meine, so war es doch immer in unserer Geschichte. Immer kamen die Pruzzen, die Hugenotten, die Salzburger, die Schlesier ins Brandenburger Land. Sie kultivierten den Osten, der Osten war immer eine Aufgabe, der Westen war immer schon fertig. Der Osten nahm immer in Pflicht, der Westen war eher Vergnügen.

Also? Man lebt in Frankfurt unverdrossen, aber man fährt immer wieder nach Berlin. Es ist, wenigstens für eine Woche oder auch etwas mehr, immer noch die Stadt mit dem höchsten Freizeitwert in Deutschland. Ein Reisevergnügen vielfältigster Art ist mir Berlin geworden. Das ist sehr viel, das unter sehr viel anderem.

Parfois, dans mes rêves éveillés, je me vois dans cette cohorte. Je m'imagine n'avoir que la cinquantaine et que le ministre président du nouvel Etat de Brandebourg m'offre un poste – pas forcément celui de ministre de l'éducation. Etre responsable de la culture pour la ville de Potsdam me suffirait. Après quelques hésitations, j'accepterais évidemment. Je balayerais discrètement tous les arguments en faveur de Francfort et je finirais même par les oublier. Comme responsable de la culture dans une ville comme Potsdam, me dirais-je, on peut faire quelque chose. Quelque chose d'important.

Je m'installerais donc à Berlin. Je chercherais probablement un appartement près de la Savignyplatz. Tous les matins, je prendrais le train de banlieue pour me rendre à Potsdam. Ce n'est pas si loin que l'on pense, dirais-je. En 1935 déjà, notre voisin berlinois, qui était directeur aux usines Junkers, se rendait chaque matin à Dessau avec la voiture de service. A l'est, on est habitué à de toutes autres distances. Qu'est-ce que j'entends par cela? Je pense qu'il en a toujours été ainsi dans l'histoire de l'Allemagne. Les tribus prussiennes, les Huguenots, les Salzburgeois, les Silésiens, tous sont venus dans la région de Brandebourg. Ils ont travaillé pour faire quelque chose de l'Est, l'Est a toujours constitué un défi alors que l'Ouest paraissait achevé. L'Est a toujours comporté des obligations, l'Ouest était plutôt une région dispensatrice de plaisirs.

Bref, je continuerais à vivre à Francfort mais j'irais souvent à Berlin. Pour une semaine au moins ou un peu plus, c'est toujours la ville qui offre le plus de distractions. Berlin est pour moi la ville que je visite avec le plus de plaisir. Rien que cela, c'est tout un programme.

the town of Potsdam would do me nicely. And, after a little hesitation, I would accept. It would be a job that would attract me. I would thrust aside all the arguments in favour of Frankfurt and gradually forget them altogether. I would say: yes, the arts director of a town like Potsdam can really achieve something, something important.

So I would move to Berlin after all, Potsdam being just on its fringe. I would presumably look for a flat around Savignyplatz. Then I would travel to Potsdam every morning by the environmentally benign urban railway. It is not as far as all that, I would say. After all, in 1935 our Berlin neighbour, who was a director of the Junkers Works, drove in the company car to Dessau every morning. Distances do not mean so much in the east of Germany.

What do I mean by all this? I mean that that is the way things always were in Germany's history. The Prussians tribes, the Huguenots, Austrians from Salzburg, the Silesians – they all came in droves to the Brandenburg region. They worked on improving the east, for the east always offered a challenge, while conditions in the west always seemed too established to offer scope for such ambitions. The east always entailed obligations, the west was more the land of pleasure.

So what now? I shall continue to live in Frankfurt, but visit Berlin frequently. At least for a week or so it is still the town with the highest recreational potential. For me Berlin is *the* town to visit. That alone is a great deal.

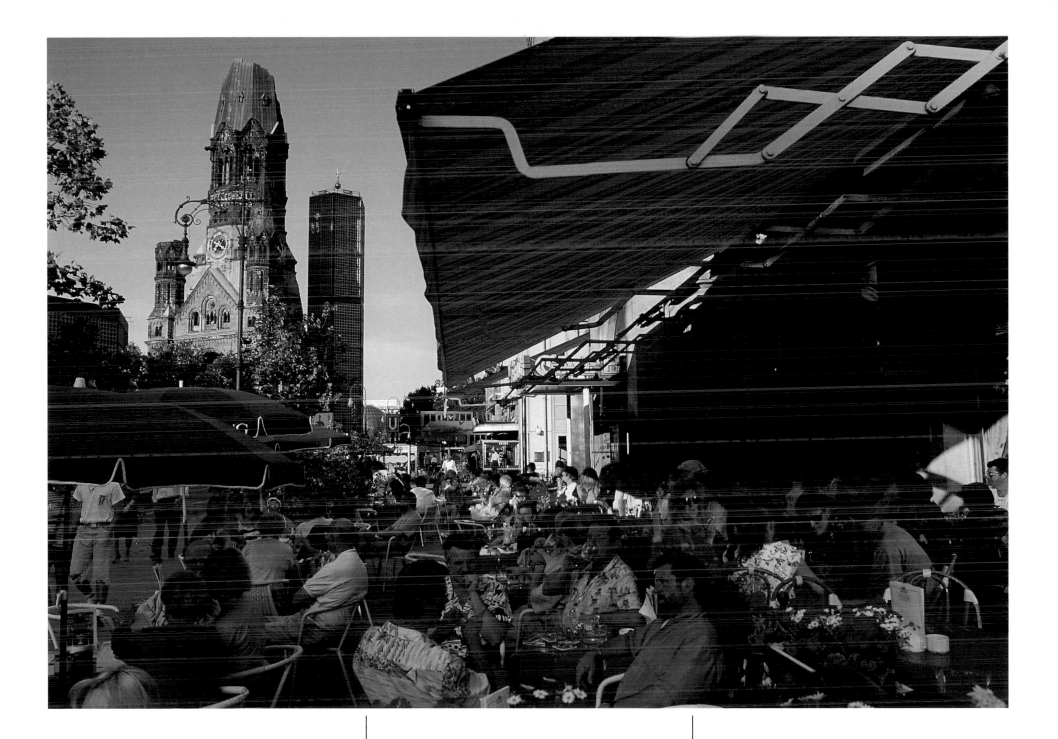

Am Kurfürstendamm in Berlin. Hauptanziehungs-punkt für Berlin-Besucher ist der Ku'damm mit seinen Cafés, Bars, Hotels, Läden, Kinos, Theatern. Die Ruine der Kaiser-Wilhelm-Gedächtniskirche erinnert an leidvolle Zeiten.

Sur le Kurfürstendamm à Berlin. Le principal pôle d'attraction pour les visiteurs est le Ku'damm où se côtoient cafés, bars, hôtels, magasins, cinémas et théâtres. Les ruines de la Kaiser-Wilhelm-Gedächtnis-kirche rappelle une période douloureuse de l'histoire.

On Kurfürstendamm in Berlin. The "Ku'damm", with its cafés, bars, hotels, shops, cinemas, and theatres, is a main attraction for visitors. The ruins of the Kaiser Wilhelm Memorial Church is a reminder of less happy days.

11

▶ **Die Berliner Schloßbrücke mit Dom und Fernsehturm.** *Wer der Prachtstraße »Unter den Linden« östlich des Brandenburger Tores folgt, kommt zum alten Herzstück Berlins: der Spreeinsel mit dem monumentalen Dom im pompösen Stil der wilhelminischen Zeit. Rechts sticht der »Telespargel«, mit 365 Metern das höchste Bauwerk Berlins, in den Himmel.*

▼ **Das Brandenburger Tor.** *Noch vor kurzer Zeit war das Brandenburger Tor versperrt und Symbol der geteilten Stadt, jetzt ist der Blick wieder frei auf die »Straße des 17. Juni« mit der Siegessäule.*

▶ **Le pont sur la Spree à Berlin avec la cathédrale et la tour de télévision.** *En suivant l'imposante rue «Unter den Linden» à l'est de la porte de Brandebourg, on arrive au vieux cœur de Berlin: l'île de la Spree avec la cathédrale monumentale dans le style pompeux de l'époque wilhelmienne.*

▲ **La porte de Brandebourg.** *Il n'y a pas si longtemps encore, elle était fermée et symbolisait la division de la ville.*

▶ **The Berlin Spree Bridge with Cathedral and TV Tower.** *Running eastwards from the Brandenburg Gate, the "Unter den Linden" boulevard leads to the old heart of Berlin: the Spree Island.*

▲ **The Brandenburg Gate.** *Until recently the Brandenburg Gate was closed, and was a symbol of the divided city.*

◀ **Die Berliner Kongreßhalle im Tiergarten.** Die Berliner nennen sie einfach »Schwangere Auster« und zeigen damit wenig Respekt vor der kühnen Architektur dieser schwungvollen Konstruktion.

▼ **Zuschauer auf dem 1. Rang des Brecht-Theaters am Schiffbauerdamm.** Berühmt wurde der Musentempel durch seine Schauspieler, das »Berliner Ensemble«, und Modellinszenierungen des Brechtschen Theaters.

▶ ▶ **Die Friedrich-Werdersche-Kirche und die Freiherr-von-Stein-Statue.**

▶ ▶ **Das Rote Rathaus, heute Sitz des Senats.**

◀ **Le Palais des Congrès dans le Tiergarten.** Les Berlinois l'ont baptisé l'«asperge enceinte».

▲ **Spectateurs au premier rang du théâtre de Bertold Brecht sur le Schiffbauerdamm.**

▶ ▶ **La Friedrich-Werdersche Kirche et la statue du baron von Stein.**

▶ ▶ **L'hôtel de ville rouge, aujourd'hui siège du Sénat.**

◀ **Berlin's Congress Hall in the Tiergarten (Zoo).** The Berliners have dubbed it the "Pregnant Oyster".

▲ **The audience in the dress circle of the Brecht Theatre.**

▶ ▶ **The Friedrich-Werder Church, with the statue of Freiherr von Stein.**

▶ ▶ **The Red Town Hall, now the seat of the Berlin Senate.**

15

▶ *Die Orangerie im Schloßpark Sanssouci von Potsdam.* Sans souci – ohne Sorge –, in dieser Schloßanlage verbrachte Friedrich der Große die Sommermonate mit Konzerten, philosophischen Gesprächen, Spaziergängen. Hier wollte er auch sterben. Und hierher brachte man seine sterblichen Überreste, die bis zur Wiedervereinigung im Hohenzollernschloß bei Hechingen ruhten.
▼ *Das chinesische Teehaus im Schloßpark Sanssouci.*

▶ *L'Orangerie dans le parc du château de Sanssouci à Potsdam.* C'est au château de Sanssouci que Frédéric le Grand passait les mois d'été à écouter des concerts, à converser avec des philosophes et à se promener. Et c'est ici qu'on l'on amena sa dépouille mortelle qui, jusqu'à la réunification, reposa dans le château de Hohenzollern.
▲ *La Maison de Thé chinoise dans le parc du château de Sanssouci.*

▶ *The Orangery in the Sanssouci Palace Gardens in Potsdam.* It was at Sanssouci – "Carefree" – that Frederick the Great spent the summer months. His mortal remains, which had rested in the Hohenzollern Castle near Hechingen, were brought here recently after the reunification of Germany.
▲ *The Chinese Tea Pavilion in Sanssouci Palace Gardens.*

▶ **Das Städtchen Buckow in der Märkischen Schweiz.** Buckow, »die Perle der Märkischen Schweiz«, ist eines der liebsten Ausflugsziele großstadtmüder Berliner.
▼ **Der Spreewald bei Lehde.** Die für Mitteleuropa einzigartige Landschaft aus Wasserarmen, Inselchen und kleinen Streusiedlungen erstreckt sich südöstlich von Berlin. Die meist sorbische Bevölkerung lebt vom Gemüseanbau und von den Touristen, die auf Kähnen durch die Wasserstraßen gestakt werden.

▶ **La petite ville de Buckow dans la Suisse de la Marche.** Buckow, «la perle de la Suisse de la Marche», est un des buts d'excursion favoris des Berlinois en quête de calme.
▲ **La forêt de la Spree près de Lehde.** Ce paysage unique en Europe centrale, fait de bras de rivière, de petites îles et de petites agglomérations disséminées, s'étend au sud-est de Berlin.

▶ **The little town of Buckow in the "Switzerland of Brandenburg".** A visit to Buckow, the "pearl of the region", is a favourite outing with Berliners wanting a break from big city life.
▲ **The Spree Forest near Lehde.** This region of waterways, little islands, and small fragmented settlements, unique in Central Europe, extends southeastwards from Berlin.

▶ **Die Stadt Brandenburg mit dem Dom.** Das Wasser der vielen Havelarme und die roten Backsteine prägen das Gesicht der Landeshauptstadt Brandenburgs.

▼ **Das Altstädter Rathaus in Brandenburg.** Typisch für die märkische Backsteingotik ist der Staffelgiebel. Wer genau hinschaut, entdeckt hinter dem Verkehrsschild den steinernen Roland.

▶ **La ville de Brandebourg avec la cathédrale.** Les nombreux bras de la Havel et les briques rouges caractérisent la physionomie de la capitale du Brandebourg.

▲ **L'hôtel de ville à Brandebourg.** Le pignon à étages est typique de la construction gothique en brique de la région de la Marche.

▶ **The town of Brandenburg with the Cathedral.** The water of the many arms of the River Havel and the red-brick architecture give the capital of the State of Brandenburg its particular character.

▲ **The Old Town Hall in Brandenburg.** The stepped gable is typical of the red-brick Gothic buildings of the Brandenburg region.

Die Uckermark bei Parmen. *Spätsommer über der Kornkammer Uckermark, dem nördlichsten Teil der Mark Brandenburg. Getreidefelder und Waldflächen wechseln sich ab mit kleinen Flüßchen, Seen, Weilern.*

L'Uckermark près de Parmen. *L'été de la Saint-Martin dans le grenier à blé qu'est l'Uckermark, la partie la plus septentrionale de la Marche de Brandebourg. Des champs de céréales et des surfaces boisées alternent avec de petites rivières, des lacs et des hameaux.*

The Uckermark region near Parmen. *Late summer in the corn-growing Uckermark region, the most northerly part of Brandenburg. The countryside is a lively mixture of cornfields, woodland, streams, lakes, and hamlets.*

25

▶ **Frankfurt an der Oder.** Schon im Mittelalter war Frankfurt ein bedeutender Umschlagplatz auf dem Handelsweg von Paris nach Moskau. Heute trennt die Oder Frankfurt von ihrer polnischen Schwester Slubice. Ganz sind die Wunden des Krieges zwischen den Wohnblöcken aus Betonbauplatten noch nicht verschwunden: rechts im Bild die Marienkirche.
▼ **Blick auf die Oder-Neiße-Grenze.**

▶ **Francfort-sur-l'Oder.** Au moyen âge déjà, Francfort était une importante place de transbordement sur la voie commerciale Paris-Moscou. Aujourd'hui, l'Oder sépare Francfort de sa sœur polonaise, Slubice. Les plaies de la guerre n'ont pas encore complètement disparu entre les immeubles en plaques de béton; à droite sur la photo l'église Notre-Dame.
▲ *Vue sur la frontière Oder-Neisse.*

▶ **Frankfurt on the Oder.** Frankfurt was already an important trading post on the route from Paris to Moscow in the Middle Ages. Today Frankfurt is separated from its Polish sister-town of Slubice by the River Oder. There are still traces of war damage left between the newly-built blocks of flats. On the right: St Mary's Church.
▲ *View of the Oder-Neisse border.*

Entlang der Küste

Wo das Meer zu schmecken ist

Um es vorweg zu sagen: Mit diesem Land verband mich zunächst wenig. Keine Neugier, kein Fernweh, keine Entdeckerlust. Ich will da gar nichts beschönigen – nie habe ich dem Hohen Norden entgegengefiebert, wie auch, warum denn? In Magdeburg kam ich zur Welt.

Das Land ist sehr kühl und vorwiegend flach. Es regnet dort viel. Die Leute trinken viel Tee, sie sind schrecklich vernünftig, fast wie Engländer. Man muß, um etwas über das Land zu sagen, vom Meer her kommen. Die Nordsee bestimmt alles.

War es damals in Bremerhaven oder Wilhelmshaven gewesen? Daran erinnere ich mich nicht mehr genau. Ich weiß nur, daß es August war, aber kalt wie im Winter. Die Nordsee tobte. Wir kamen aus Amerika. Man wird es nicht glauben, wir kamen damals mit einem ganz bescheidenen Schiffchen aus den Staaten zurück.

Wir konnten damals nicht in den Hafen einfahren, weil das Meer eben tobte. Dunkle Wolkenberge schoben sich drohend am Himmel. Manchmal trieben Regenböen über das Hinterdeck, wo wir Schutz gefunden hatten. Welch ein Empfang in Deutschland, dachte ich. Hoher Norden, aber auch das gehört zu deinem Land: Friesland, meerumschlungen.

Das Schiff stampfte und schwankte und schien sich manchmal bedenklich zur Seite zu legen. Man sah in der Ferne das Land, das grün, flach, sehr sauber wirkte, fast wie England. Man sah die Ostfriesischen Inseln, ganz fern, aber man kam nicht heran.

»Windstärke zehn«, hatte der Kapitän, den wir

Le long de la côte

Où l'on peut goûter la mer

Disons-le tout de suite: je n'ai jamais été attiré par ce pays. Je n'étais pas curieux de le découvrir, il ne m'inspirait pas. Je dois dire qu'en général le Haut Nord ne m'attirait pas. Pourquoi d'ailleurs m'aurait-il attiré. Magdebourg, ma ville natale, me suffisait amplement.

Le pays est très froid et plat en majeure partie. Il y pleut beaucoup. Les gens boivent beaucoup de thé, ils sont terriblement raisonnables, presque comme des Anglais. Pour pouvoir dire quelque chose de cette région, il faut venir de la mer. Car la mer du Nord domine tout.

Etait-ce à Bremerhaven ou Wilhelmshaven la fois-là? Je ne m'en souviens plus très bien. Je sais seulement que c'était au mois d'août et qu'il faisait aussi froid qu'en hiver. La mer du Nord était déchaînée. Nous venions d'Amérique. On aura du mal à me croire, mais nous rentrions la fois-là d'Amérique dans un modeste petit bateau.

Nous ne pouvions pas entrer dans le port car la mer justement était trop agitée. Des montagnes de nuages menaçants obscurcissaient le ciel. Parfois, des trombes d'eau s'abattaient sur le pont arrière où nous nous étions réfugiés. Quel accueil en Allemagne, me disais-je. C'est le Haut Nord, mais cela fait aussi partie de mon pays: la Frise, enlacée par la mer.

Le bateau tanguait et se balançait et semblait parfois vouloir se coucher sur le côté. On voyait au loin la terre, verte, plate, d'un aspect très propre, presque comme l'Angleterre. On apercevait les îles de la Frise orientale, tout au loin, mais on ne s'en approchait pas.

Along the Coast

Where you can taste the sea

Let me admit at once: at first this part of the country held no attractions for me. I was not curious about it, did not long to go there, had no interest in 'discovering' it. I felt no desire to visit the High North at all; why should I have done? For me, Magdeburg, my birthplace, was totally sufficient.

The countryside is very cool and largely flat. It rains a lot there. The people drink a lot of tea, and are terribly sensible – almost like Englishmen! In order to be able to say anything about the country one should approach it from the sea. The North Sea dominates everything. Was it in Bremerhaven that time, or Wilhelmshaven? I cannot be quite sure any more. I only know that it was August, but that it was as cold as in winter. The North Sea was raging. We were coming from America. It is hardly believable any more, but we really were coming back from America in a simple little ship!

We could not enter port because the sea was so rough. Mountainous clouds obliterated the sky. Sometimes rain swept across the stern deck where we had sought shelter. What a reception in Germany, I thought. It's the High North, but it also belongs to your country: Friesland, washed by the sea.

The ship lurched and groaned, heeling over precariously at times. Land – green, flat, very clean-looking, almost like England – could be seen in the distance. The East Friesian Islands could also be seen far away, but there was no approaching them.

"Wind force 10", the captain had told us. Stand-

am Steuerrad befragten, gesagt. Bedenklich und sorgenvoll sah er hinaus. Wasserberge überrollten das Deck, die Motoren waren gedrosselt, so daß man fast meinte, das Schiff stünde, es habe seinen Geist aufgegeben. Informationen für die Passagiere wurden nicht durchgegeben. So stelle ich mir fast bei wirklichen Schiffsuntergängen die Szene vor: die Ratlosigkeit, die Verlassenheit, die Einsamkeit, jeder ganz allein. Man säuft einfach ab.

In solchen Augenblicken liegen die Passagiere überall flach, sie sind seekrank. Dieselben Touristen, die sonst immer so fröhlich und neugierig überall rumrennen, alles zu fotografieren versuchen, sind sterbenskrank. Sie hängen auf den Bänken, sie kauern in Ecken. Sie sehen krank aus. Sie sind bleich bis grünlich im Gesicht und benehmen sich wirklich, als wenn ihr letztes Stündchen geschlagen hätte. Ein Pfarrer müßte jetzt umgehend letzten Beistand leisten.

Ich, der ich ziemlich anfällig und empfindsam bin, auf eine schreckliche Weise wetterfühlig zum Beispiel, ich kann nicht seekrank werden. Mir macht das rein gar nichts, außer daß es eben spritzt und schwankt. Man erlebt die Szene eher von ihrer komischen Seite: Was haben die nur, was ist mit ihnen? Lauter Waschlappen, lauter Landratten, denkt man. Man grinst, man spottet. Hoher Norden: Deutschland hat tatsächlich sehr viele Gesichter.

Eine andere Annäherung an den Norden war erst jetzt möglich. Jetzt, nachdem die Zäune und Mauern des kommunistischen Staates gefallen waren. Immer war es mein Wunsch als Berliner gewesen, von Berlin aus an die Ostsee zu fahren. Jetzt geht das wieder.

Wir fuhren mit dem Auto quer durch die alte Mark Brandenburg, auf Fontanes Spuren sozusagen. Wir fuhren über das Kleinstädtchen Gransee, wo noch immer ein Denkmal an die Königin Luise, die Vielgeliebte, erinnerte. Von Neubrandenburg führt dann die Bundesstraße 96 hoch in den Norden. Ist man einmal zwischen Greifswald und Stralsund, riecht man plötzlich den Norden. Salzgeschmack sozusagen. Man sieht die hohe Kultur der Hanse: herrliche Backsteingotik, tief Dunkelrot. Hohe

«Vent de force dix», avait dit le capitaine. Installé au gouvernail, il contemplait la mer avec inquiétude. Des montagnes d'eau déferlaient sur le pont, les moteurs avaient été mis au ralenti de sorte que l'on croyait presque que le bateau était arrêté, qu'il avait rendu l'âme. Aucune information n'était donnée aux passagers. C'est ainsi que je m'imagine que cela doit à peu près se passer lorsqu'un bateau sombre vraiment: un sentiment de perplexité, d'abandon, de solitude. Chacun est seul. On coule tout simplement.

Dans de tels moments, les passagers sont tous prostrés, ils ont le mal de mer. Ces mêmes touristes qui d'ordinaire sont gais et curieux et se promènent partout pour tout photographier sont malades à mourir. Leurs visages sont blêmes et même verdâtres et ils se comportent comme si leur dernière heure était venue. Ils sont affalés sur des bancs, recroquevillés dans des coins. On ne serait pas surpris de voir un prêtre venir leur administrer l'extrême-onction. Moi qui suis plutôt sensible, qui réagis particulièrement aux changements de temps par exemple, je n'ai jamais le mal de mer. Une mer agitée n'a aucun effet sur moi à part les vagues qui m'aspergent et le sol qui vacille. Aussi ce genre de scène me paraît-il plutôt comique: qu'ont-ils donc tous? Ils n'ont vraiment pas le pied marin, ce ne sont que des lavettes, ai-je tendance à penser. Il y a de quoi rire, de quoi se moquer. Le Haut Nord: l'Allemagne a vraiment de nombreux aspects.

Ce n'est que depuis que les barrières et les murs de l'Etat communiste sont tombés que l'on peut aborder le Nord d'une manière différente. En tant que Berlinois, j'ai toujours eu envie d'aller sur les bords de la Baltique en partant de Berlin. C'est redevenu possible.

Nous avons donc traversé en voiture l'ancienne Marche de Brandebourg, nous avons pour ainsi dire suivi les traces de Fontane. Nous avons visité la petite ville de Gransee où un monument rappelle le souvenir de la reine Louise de Prusse, la souveraine bien-aimée. De Neubrandenburg, la nationale 96 vous mène ensuite en direction du Nord.

ing at the wheel, he stared grimly at the sea. Mountains of water washed across the deck; the engines had been throttled back, so that the ship did not seem to travel, and one had the feeling that it had given up the ghost. No announcements were made to the passengers at large. That is how I imagine what it must be like when ships really go down in a storm: a feeling of utter uncertainty, of being abandoned, of isolation. It is then a case of every man for himself; everyone dies his own watery death.

At such times the passengers are all prostrate with sea-sickness. The same tourists who are normally full of fun and curiosity, and run around taking snapshots of everything, are suddenly sick unto death. They slump on the benches, crouch in corners. They look deathly ill. Their faces turn pale and take on a greenish tinge, and they behave as if their last moment had come. It would hardly be surprising if a priest came to administer the last rites.

In most things I am rather susceptible, and am prone to catch things, being extremely sensitive to changes in the weather, for example – but I cannot be seasick! A roaring sea has no effect on me, apart from the flying spray and the unsteady foothold. One sees the scene from its comical side: what's the matter with them all? No self-control, nothing but landlubbers, one thinks. One grins, and mocks. The High North: only one of Germany's many aspects.

A different approach to the north has only become possible again now that the fences and walls of the Communist state have fallen. As a Berliner, I had always wanted to travel from Berlin to the Baltic, one of the traditional excursions for the people of that city.

So we motored across the old Mark Brandenburg region, following in Fontane's footsteps, as it were. We visited the little town of Gransee, with its monument to the dearly loved Queen Luise of Prussia. Then we took the trunk road 96 from Neubrandenburg to the north. Between Greifswald and Stralsund you can already taste the salty tang of the sea on your lips. The great dark-red brick-built Gothic structures of the

Dome, mit denen sich der Geist des Protestantismus ankündigt: kühl, streng, sehr ernst.
Und dann kommt Rügen, immerhin Deutschlands größte Insel, meerumschlungen. Es ist ein Erlebnis eigener Art. Rügen ist der deutsche Traum vom Norden. Da ziehen sich östlich all die herrlichen Badeorte entlang, die ich nie sah, deren Namen mir aber doch aus der Kindheit vertraut klingen: Sellin und Binz, Saßnitz und Stubbenkammer. Hat man dort oben dann das schmale Sträßchen zum Königsstuhl erreicht – warum soll ich es nicht sagen – so hat man ein Wunder der Natur vor sich, das nur noch staunen macht. Die Kreidefelsen, die hier weiß und stolz ins Meer stürzen, sind ein Wunder der Erde. Man kann da nur stehen, staunen, schweigen und beim Blick nach Kap Arkona rüber sagen: Fabelhaft! So etwas Schönes hat selbst Amerika nicht zu bieten. Rügen ist eine Weltreise wert!

Est-on arrivé entre Greifswald et Stralsund que l'on sent déjà le Nord, on a ce goût salé de la mer sur les lèvres. On aperçoit les merveilleux édifices gothiques en brique rouge foncé des villes hanséatiques: de hautes cathédrales annonçant l'esprit du protestantisme, froides, austères, solennelles.
Puis vient Rügen, la plus grande île d'Allemagne. C'est une expérience d'un genre particulier, Rügen est le rêve allemand du Nord. Le long de la côte orientale s'égrènent toutes les merveilleuses stations balnéaires que je n'ai jamais vues mais dont les noms me sont familiers depuis mon enfance: Sellin et Binz, Sassnitz et Stubbenkammer. Arrivé enfin à la petite route qui mène au Königsstuhl, on a devant soi – pourquoi ne pas le dire – une des merveilles de la nature, belle à vous couper le souffle. Les falaises de craie, blanches et majestueuses, qui plongent ici dans la mer, sont une des merveilles du monde. On ne peut que les contempler en silence et murmurer en regardant en direction du Cap Arkona: fantastique! Même l'Amérique n'a rien de semblable à offrir. Rügen vaut bien un voyage autour du monde!

Hanseatic towns rise skywards: tall cathedrals that anticipated the spirit of Protestantism, cool, austere, solemn.
And then comes Rügen – Germany's largest island, washed by the sea. Rügen is a very special experience, the German dream of the north. Along the eastern shore are strung all the splendid resorts that I had never seen, but whose names had been familiar to me since my childhood: Sellin and Binz, Sassnitz and Stubbenkammer. When you arrive at the narrow road leading to Königsstuhl you are faced with – and for once the phrase is justified – one of Nature's marvels, a scene that takes one's breath away. The chalk cliffs, white and majestic, which plunge into the sea at this point are one of the world's wonders. One can only stand there in silent amazement, and, glancing across towards Cape Arkona, whisper: fantastic! Even America has nothing to offer that is so beautiful. Rügen is worth crossing the ocean for!

Der Königsstuhl auf Rügen. Die größte deutsche Insel hat einiges zu bieten: weiße Sandstrände, Kreidefelsen mit Steilküsten, hügeliges Moränenland und vom Meer abgeschnürte Seen. An der Ostküste des Inselteiles Jasmund steigt das gewaltige Kreidekliff Stubbenkammer mit dem Königsstuhl über hundert Meter steil aus der Ostsee.

Le Königstuhl à Rügen. La plus grande île allemande a de quoi offrir à ses visiteurs: des plages de sable blanc, des falaises de craie, un paysage morainique de collines et de lacs. Sur la côte est de la presqu'île de Jasmund, l'imposante et vertigineuse falaise de la Stubbenkammer se dresse avec le Königsstuhl à 100 mètres au-dessus de la Baltique.

Königsstuhl (Royal Throne) on the Island of Rügen. *The largest German island has a great deal to offer: white, sandy beaches, chalk cliffs, gently rolling countryside, and lagoons cut off from the sea. On the east coast of the area called Jasmund the tremendous chalk cliff called Stubbenkammer, with the "Königsstuhl", rises for over hundred metres above the Baltic.*

► **Strandkörbe am Strand von Binz auf Rügen.**
Schon Ende des 19. Jahrhunderts wurde Binz als
Seebad entdeckt, seither schützen sich die Sommer-
frischler im Strandkorb vor den launischen Winden,
die ihnen den feinen weißen Sand in die Augen
wehen.
▼ **Seebad Ahlbeck auf Usedom.** Nur vier Kilometer
vom polnischen Świnoujście, dem ehemaligen
Swinemünde, entfernt liegt die Insel Usedom.

► **Fauteuils de plage sur la plage de Binz à Rügen.**
Binz a été découvert comme station balnéaire dès la
fin du XIXe siècle. Depuis les estivants s'abritent dans
des fauteuils de plage des vents capricieux qui leur
envoient le sable blanc et fin dans les yeux.
▲ **La station balnéaire d'Ahlbeck à Usedom.** L'île
d'Usedom n'est qu'à quatre kilomètres de Świnoujście, l'ancienne Swinemünde, en Pologne.

► **Beach chairs at Binz on the Island of Rügen.** Binz
became a seaside resort at the end of the 19th century; since then beach chairs have been used by
holidaymakers to protect themselves from the capri-
cious winds that carry the fine white sand everywhere.
▲ **Ahlbeck, a coastal resort on the Island of Usedom.**

▶ **Die Insel Hiddensee.** Auf dem kleinen, Rügen westlich vorgelagerten Eiland stören weder Autolärm noch Industrie die Idylle.
▼ **Fischer auf Rügen.** Es gibt sie noch, die Fischer, die in aller Herrgottsfrühe ihre Netze und Reusen auslegen. Doch Überfischung und Wasserverschmutzung bedrohen ihre Existenz.

▶ **L'île d'Hiddensee.** Dans la petite île à l'ouest devant Rügen, ni le bruit des voitures, ni l'industrie ne viennent rompre un charme idyllique.
▲ **Pêcheurs à Rügen.** Ils existent encore les pêcheurs qui de bon matin étendent leurs filets et leurs nasses. Mais la pêche intensive et la pollution de l'eau menacent leur existence.

▶ **The Island of Hiddensee.** The idyllic conditions of this islet off the west coast of Rügen are undisturbed by motor vehicles and industry.
▲ **Fishermen on Rügen.** They still exist: the fishermen that set their nets and eel-pots at the crack of dawn. But their livelihood is threatened by overfishing and pollution.

▶ *Der alte Stadtkern von Stralsund mit Blick auf Rügen.* Enge Gassen zwischen alten Bürgerhäusern prägen das Bild der alten Handels- und Werftenstadt.
▼ *Backsteingotik in Stralsund.* Das Selbstbewußtsein und der Reichtum der ehemaligen Hansestadt in rotem Backstein für die Nachwelt festgemauert: mal filigran (das Rathaus rechts), mal monumental (die Nikolaikirche links).

▶ *L'ancien cœur de Stralsund avec vue sur Rügen.* D'étroites ruelles entre d'anciennes maisons bourgeoises caractérisent la physionomie de la vieille ville de négoce et de chantiers navals.
▲ *Edifices gothiques en brique à Stralsund.* La fierté et la richesse de l'ancienne ville hanséatique ont été cimentées dans la brique rouge pour les générations à venir.

▶ *The old Town Centre of Stralsund, with view of Rügen.* Narrow lanes between the old town houses give the old trading and ship-building town its own particular charm.
▲ *Red-brick Gothic architecture in Stralsund.* The former Hanseatic town of Stralsund documented its self-assurance and prosperity for future generations in red-brick.

◀ **Rostock an der Warnow.** Als Hansestadt war auch Rostock einmal wohlhabend und einflußreich, heute hat die »Perle an der Ostsee« unter dem Niedergang der Werften zu leiden. Die Marienkirche wacht über die Pracht der Bürgerhäuserfassaden entlang der Warnow.

▼ **Überseehafen Warnemünde.** Das Schicksal der Warnowwerft ist ungewiß, große Hoffnungen liegen in der Stadt als zukünftigem Badeort.

◀ **Rostock sur la Warnow.** Ville hanséatique, Rostock fut également autrefois une cité prospère et influente. Aujourd'hui, la «perle de la Baltique» souffre du déclin des chantiers navals.

▲ **Le port de Warnemünde.** Le destin des chantiers navals (Warnowwerft) est incertain, de grands espoirs sont mis dans le développement de la ville comme station balnéaire.

◀ **Rostock on the River Warnow.** In its Hanseatic heyday Rostock was also prosperous and influential, but currently the "Pearl on the Baltic" is suffering from the decline in its ship-building industry.

▲ **The Port of Warnemünde.** The fate of the Warnow shipbuilding yards is uncertain, but the town has a great potential as a seaside resort.

▶ *Der Nord-Ostsee-Kanal bei Kiel.* Schiffe, die bei Kiel die Ostsee verlassen, können so auf dem schnellsten Weg die Nordsee erreichen. Sie werden nur durch Gezeitenschleusen aufgehalten, die die Ebbe-Flut-Unterschiede ausgleichen.

▼ *Leuchtturm auf Langeneß.* »Land unter!« bei Sturm im Wattenmeer.

▶ *Le canal de la mer du Nord à la Baltique près de Kiel.* Les bateaux, qui quittent la Baltique près de Kiel, peuvent ainsi atteindre la mer du Nord par la voie la plus rapide. Ils ne s'arrêtent qu'aux écluses qui régularisent les différences de niveau d'eau dues aux marées.

▲ *Le phare à Langeness.* Langeness est une de ces petites îles au cachet particulier appelées Halligen.

▶ *The North Sea-Baltic Canal near Kiel.* This is the quickest route for ships leaving the Baltic from near Kiel for the North Sea. Their progress is held up only by tidal locks which compensate the differences between high and low tides.

▲ *Lighthouse on Langeness.* An island flooded during a storm in the tidal marshes.

◄ **Hansestadt Lübeck, vom Mühlenteich gesehen.**
Im Mittelalter die bedeutendste Stadt im nördlichen
Europa, begünstigt durch ihre Lage am Schnittpunkt
wichtiger Handelsstraßen.
▼ **Das Heiligen-Geist-Hospital in Lübeck.** Eine
reiche Stadt konnte auch schon damals in eigens für
ihre Waisen, Gebrechlichen und Invaliden erstellten
Gebäuden Armut und Krankheit lindern.

◄ **La ville hanséatique de Lübeck.** Elle fut au
moyen âge la ville la plus importante de l'Europe
septentrionale grâce à sa situation au carrefour d'importantes routes commerciales.
▲ **L'hôpital du Saint-Esprit à Lübeck.** Autrefois déjà, une ville riche pouvait soulager la misère et les
souffrances dans des bâtiments construits spéciale-
ment pour les orphelins, les infirmes et les invalides.

◄ **The Hanseatic Town of Lübeck.** The most important town in northern Europe in the Middle Ages,
thanks to its situation at the point of intersection of
important trade routes.
▲ **The Hospice of the Holy Spirit in Lübeck.** Even
in those early days a rich town could ameliorate the
suffering of orphans, the frail, and the sick in buildings especially constructed for the purpose.

◄ **Brodersby an der Schlei.** Reetgedecktes Bauern-haus an der Förde der Ostsee, die von Maasholm bis Schleswig reicht.
▼ **Gunnerbyer Noor an der Schlei.** Schleswig-Holsteins saftige Wiesen sind vor allem Weideland fürs liebe Vieh.

◄ **Brodersby sur la Schlei.** Une ferme au toit de chaume sur la baie de la mer Baltique qui s'étend de Maasholm à Schleswig.
▲ **Gunnerbyer Noor sur la Schlei.** Les prairies grasses du Schleswig-Holstein servent surtout de pâturage.

◄ **Brodersby on the Schlei.** A thatched farmhouse on the Schlei, a fjord-like arm of the Baltic extending from Maasholm to Schleswig.
▲ **Gunnerbyer Noor on the Schlei.** Schleswig-Holstein's lush meadows provide excellent grazing.

► **Fuchsjagd am Strand von Norderney.** Das Wattenmeer ist eine der letzten Urlandschaften Europas, wo das Spiel der Gezeiten ein komplexes Ökosystem hat entstehen lassen. Der Nationalpark Schleswig-Holsteinisches Wattenmeer braucht das Geld der Urlauber, sie machen ihm aber auch Probleme.

▼ **Verdiente Ruhe auf Norderney.** Sicherlich die nobelste unter den Friesischen Inseln.

► **Chasse au renard sur la plage de Norderney.** La «Wattenmeer» (estran) est une des dernières régions primitives d'Europe où le jeu des marées a fait naître un écosystème complexe. Le parc national «Schleswig-Holsteinisches Wattenmeer» a besoin de l'argent des vacanciers, mais ceux-ci lui causent également des problèmes.

▲ **Un repos mérité à Norderney.**

► **Fox-hunting on Norderney beach.** The "Wattenmeer", or tidal marshland, along the north coast of Germany, is one of Europe's last primeval landscapes, where tidal action has helped to shape a complex ecological system. The "Schleswig-Holstein Wattenmeer National Park" needs the income from tourists, but they also create problems.

▲ **A well-earned rest on Norderney.**

▶ **Krabbenkutter bei Greetsiel.** Wenn Nebelschwaden die Sicht verstellen, müssen Mann und Schiff im Hafen warten, bis es aufklart.
▼ **Die Westküste Helgolands mit der »Langen Anna« bei steifer Brise.**
▶▶ **Helgoland.** Sobald die Tagesausflügler vom Festland von der Duty-free-Insel verschwunden sind, kehrt Ruhe ein zwischen weißem Strand und rotem Sandstein.

▶ **Cotre pour la pêche aux crevettes près de Greetsiel.**
▲ **La côte ouest d'Helgoland avec la «Lange Anna» par forte brise.**
▶▶ **Helgoland.** Lorsque les touristes d'un jour ont quitté l'île après y avoir fait des achats duty-free, le calme revient entre la plage blanche et la roche rouge.

▶ **Prawn fishing boats near Greetsiel.** When fog cuts visibility, man and boat must wait in the harbour until it clears.
▲ **The west coast of Heligoland with the stack called "Lange Anna" during a stiff breeze.**
▶▶ **Heligoland.** When the day-trippers have left the duty-free haven peace returns to the island defined by white beaches and red sandstone cliffs.

48

Im Flachland

Dans le pays plat

In the Lowlands

Wagrien zwischen Kieler Förde und Lübecker Bucht. *Riesige Getreidefelder, gesäumt von Hecken- und Waldstreifen im einst slawisch besiedelten Gebiet Ostholsteins, das von großen Gutshöfen bewirtschaftet wird.*

Wagrien entre la Kieler Förde et la baie de Lübeck. *D'immenses champs de céréales sont bordés de haies et de bandes boisées dans la région est du Holstein occupée autrefois par des tribus slaves et exploitée aujourd'hui par de grands propriétaires terriens.*

Wagrien, the region between Kiel Fjord and Lübeck Bay. *Vast cornfields bordered by hedges and strips of woodland in the region along the Baltic coast of Holstein, which was once settled by a Slav tribe, and is now dominated by large agricultural estates.*

◀ **Landwirt im Harlinger Land, Ostfriesland.** Möwen kämpfen um ein Zubrot, wenn nahe Wittmund der fruchtbare Marschboden bestellt wird.

▼ **Torfstecher bei Aurich.** Küstennähe bedeutet auch Moorlandschaft. Abgestorbene Pflanzenteile, die sich unter Luftabschluß nicht ganz zersetzten, bilden Torf, der in getrockneter Form zur Bodenverbesserung verwendet werden kann.

◀ **Agriculteur dans le pays de Harling, en Frise orientale.** Les mouettes se disputent la nourriture lorsque la terre marécageuse et fertile est labourée près de Wittmund.

▲ **Tourbier près de Aurich.** Des détritus de végétaux qui, à l'abri de l'air, ne peuvent se décomposer entièrement produisent de la tourbe qui, séchée, peut être utilisée pour amender le sol.

◀ **Farmer in the "Harlinger Land" region, East Friesland.** Gulls fight for an extra morsel when the fertile marshland near Wittmund is ploughed.

▲ **Peat Cutter near Aurich.** There are large expanses of bogland near the coast. Partially decomposed vegetable matter accumulated under waterlogged conditions forms peat, which when dried can be used as a fuel or for improving soil.

▶ **Freie und Hansestadt Bremen.** Handel, Schiffahrt und Hafen sind schon seit dem Mittelalter die treibenden Kräfte der Stadt an der Weser, die immerhin fast 80 Kilometer von der Küste entfernt ist. Als die Schiffe immer größer wurden und tieferen Seegang beanspruchten, konnten sie auf der versandenden Weser nicht mehr bis in die Stadt gelangen. Für sie wurde Bremerhaven an der Flußmündung angelegt.
▼ **Oldenburg.**

▶ **La ville libre et hanséatique de Brême.** Le commerce, la navigation et le port constituent depuis le moyen âge les activités de la ville sur le Weser. Lorsque les bateaux sont devenus de plus en plus grands, ils n'ont plus pu arriver jusqu'à la ville par le Weser ensablé et on a construit pour eux Bremerhaven à l'embouchure du fleuve.
▲ **Oldenburg.**

▶ **The Free Hanseatic City of Bremen.** Trade, shipping, and port – despite the fact that it is almost 80 kilometres from the sea – have been the dynamic forces in the development of the town on the Weser since the Middle Ages. As ships became larger they could no longer reach the town, and so the port of Bremerhaven was built at the mouth of the river to accommodate them.
▲ **Oldenburg.**

◀ **Im Hamburger Hafen.** Von den Landungsbrücken Blick auf die größte Werft Hamburgs. Rund um die Uhr muß hier an den Pötten gearbeitet werden, denn Zeitverlust kostet auf dem heißumkämpften Markt zuviel Geld.
▼ **Hamburg Hafen, Getreideumschlag.** Was früher von Hand mit Schaufeln von den Schauerleuten gelöscht wurde, besorgen heute riesige Getreideheber, die körniges Gut gleich tonnenweise absaugen können.

◀ **Dans le port de Hambourg.** Vue des débarcadères sur le plus grand chantier naval de Hambourg.
▲ **Le transbordement des céréales.** D'immenses élévateurs de grains, qui peuvent aspirer les céréales par tonnes entières font aujourd'hui le travail qu'effectuaient autrefois manuellement les dockers à l'aide de pelles.

◀ **The Port of Hamburg.** A view from the quays of Hamburg's largest shipyard. Work goes on round the clock here, as time is money in the hotly-contested shipbuilding industry.
▲ **Hamburg Port, discharging grain.** Grain used to be unloaded by dockers wielding shovels, but now grain elevators like huge vacuum cleaners remove it by the ton.

59

▶ *Das Herz Hamburgs, die Binnenalster.* Hinter den Ausflugsbooten für die Alsterrundfahrt und den Konsumtempeln am Jungfernstieg wetteifern drei der markanten Türme der Stadt: St. Nikolai (rechts), der Rathausturm (Mitte) und St. Katharinen (links).
▼ *Käffchentrinken und Shopping im Hanseviertel.* Zwischen Jungfernstieg, Gänsemarkt und Stadthausbrücke treffen sich die Hanseaten in den Einkaufsmeilen aus Glas, Stahl und Backstein.

▶ *Le cœur de Hambourg, la Binnen-Alster.* Derrière les bateaux d'excursion sur l'Alster et les temples de la consommation dans le Jungfernstieg, on aperçoit trois des tours les plus intéressantes de la ville: St.-Nicolas (à droite), la tour de l'hôtel de ville (au centre) et Ste.-Catherine (à gauche).
▲ *La pause café et le shopping dans le quartier de la Hanse.*

▶ *The heart of Hamburg: the Binnenalster Basin.* Behind the excursion boats for tours of the port, and the "consumer shrines" along the waterside, rise three of the town's most striking towers: St Nicholas's (right), the Town Hall's (centre), and St Catherine's (left).
▲ *Coffee and shopping time in the Hanseatic Quarter.*

▶ **Mölln am Elbe-Lübeck-Kanal im Naturpark Lauenburgische Seen.** Fischer bei ihrer Feierabendbeschäftigung gegenüber der Nikolaikirche in der Altstadt zwischen Schul- und Stadtsee.
▼ **Ratzeburg am gleichnamigen See.** Der Backsteinbau des Domes beherrscht die Silhouette der Altstadt und gilt neben dem Lübecker Dom als bedeutendstes Beispiel der norddeutschen Backsteingotik.

▶ **Mölln sur le canal de l'Elbe-Lübeck.** Des pêcheurs qui s'adonnent à leur occupation favorite en face de l'église Saint-Nicolas dans la vieille ville entre le Schulsee et le Stadtsee.
▲ **Ratzeburg.** L'édifice en brique de la cathédrale domine la silhouette de la vieille ville et passe, avec la cathédrale de Lübeck, pour l'exemple le plus important de l'architecture gothique en brique de l'Allemagne du Nord.

▶ **Mölln, on the Elbe-Lübeck Canal, in the Lauenburg Lakes Nature Park.** Anglers enjoying their leisure time opposite St Nicholas's Church.
▲ **Ratzeburg on the lake of the same name.** The brick-built Cathedral, which dominates the silhouette of the Old Town, is regarded, together with Lübeck Cathedral, as the most important example of the North German red-brick Gothic architecture.

◄ **Heidschnucken in der Lüneburger Heide.** Allzu-oft sieht man sie nicht mehr, die genügsamen Schafe dieser kargen Region.
▼ **Heidelandschaft.** Zwischen Aller und Unterelbe rund um den Wilseder Berg erstreckt sich das Natur-schutzgebiet mit der typischen Vegetation aus Heidekraut und anderen Zwergsträuchern.

◄ **Des moutons de la lande de Lunebourg.** On ne les voit plus si souvent ces moutons qui se conten-tent d'une végétation peu abondante.
▲ **Paysage de lande.** Entre l'Aller et l'Unterelbe, tout autour du Wilseder Berg, s'étend un site pro-tégé avec la végétation typique constituée de bruyère et d'autres buissons nains.

◄ **Moorland sheep on Lüneburg Heath.** These un-demanding sheep, well-adapted to this infertile re-gion, are no longer as common as they used to be.
▲ **The Heath.** The Nature reserve, with its typical vegetation – heather, and other shrubs and bushes – extends around the hill called Wilseder Berg between the rivers Aller and Lower Elbe.

◄ **»Am Sande« in Lüneburg.** Im Mittelalter war dieser Platz Treffpunkt der Händler. Das »weiße Gold«, das Salz, hat Lüneburg schon früh zu Reichtum und Ansehen verholfen, was sich heute noch in den prächtigen Fassaden mit den gotischen Treppengiebeln ablesen läßt.

▼ **Fachwerkhäuser in Celle.** Die Stadt am Südrand der Lüneburger Heide läßt im Abendlicht das Gitterwerk ihrer schön restaurierten Fachwerkfassaden aus Holzbalken, Erkern und Sprossenfenstern erstrahlen.

◄ **«Am Sande» à Lunebourg.** Au moyen âge, les commerçants se rencontraient sur cette place. L'«or blanc», le sel a fait très tôt la prospérité et le renom de la ville, ce qu'attestent les somptueuses façades aux pignons gothiques.

▲ **Maisons à colombage à Celle.** Les belles façades à colombage restaurées de la ville au sud de la lande de Lunebourg resplendissent dans la lumière du soir.

◄ **"Am Sande", in Lüneburg.** This was the place where merchants met in the Middle Ages. "White Gold", or salt, made Lüneburg prosperous, and the prosperity is still reflected in the splendid façades, with their stepped gables.

▲ **Half-timbered houses in Celle.** The evening sun lights up the timbers, oriels, and windows of the well-preserved half-timbered houses in this town at the southern edge of Lüneburg Heath.

67

◀ **Hannover, das Neue Rathaus.** Fürstlich wie in einem Wasserschloß aus lange versunkenen Zeiten residieren die Stadtväter der Messestadt an der Leine, gleich nebenan liegt der Maschsee.
▼ **Hannover, Altes Rathaus.** Im Backsteinbau aus dem 15. Jahrhundert befinden sich heute noch das Standesamt, das Stadtarchiv und der Ratskeller, die älteste Gaststätte der Stadt.

◀ **Hanovre, le Nouvel Hôtel de ville.** Les conseillers municipaux de la ville industrielle sur la Leine ont une résidence princière qui ressemble à un castel d'eau d'une époque révolue; tout à côté se trouve le Maschsee.
▲ **Hanovre, le Vieil Hôtel de ville.** L'édifice en brique du XVᵉ siècle abrite encore le bureau Ratskeller, la plus ancienne taverne de la ville.

◀ **Hanover, the New Town Hall.** The town councillors of the town on the River Leine, noted for its trade fairs, are accommodated in feudal style, as if in a moated castle; the Maschsee, a large sports and recreation centre, is only a few steps away.
▲ **Hanover, Old Town Hall.** This 15th century brick building still houses the registrar's office, the municipal archives, and the "Ratskeller", the city's oldest restaurant.

69

▶ **Das Schweriner Schloß auf der Burginsel im Schweriner See.** Das Kleinod der alten Hauptstadt Mecklenburgs im Neorenaissance-Stil wurde nach dem Vorbild des Loireschlosses Chambord gestaltet.
▼ **Über den Dächern von Güstrow vom Schloßdach über die Altstadt und den Dom.** Neben vielen alten Kunstschätzen findet man in der Stadt auch Werke des berühmten Bildhauers Ernst Barlach. Er hat hier lange gelebt.

▶ **Le château de Schwerin sur l'île du château dans le lac de Schwerin.** Le joyau de l'ancienne capitale du Mecklembourg a été construit d'après le modèle du château de Chambord.
▲ **Vue sur les toits de Güstrow.** Outre de nombreux trésors artistiques anciens, on trouve également dans la ville des œuvres du célèbre sculpteur Ernst Barlach. Celui-ci a vécu longtemps ici.

▶ **Schwerin Palace on Castle Island in Lake Schwerin.** This great building in the former capital of Mecklenburg was constructed in the Neo-Renaissance style in imitation of Château Chambord on the Loire.
▲ **The roofs of Güstrow, the Old Town, and the Cathedral, seen from the palace roof.** The many art treasures in the town include works by the famous sculptor Ernst Barlach, who lived in Güstrow for many years.

► **Röbel an der Müritz.** Die Mecklenburgische Seenplatte mit der Müritz, dem zweitgrößten deutschen Binnensee, ist ein Eldorado für Fischer, Paddler, Segler, Surfer und Motorbootfahrer. Das Ostufer ist Rückzugsgebiet für seltene Vogel- und Pflanzenarten und wird hoffentlich als solches erhalten bleiben.

▼ **Malchow am Fleesensee.** Wasserflächen allerorten – westlich der Müritz reihen sich Kölpinsee, Fleesensee und Plauer See in das blaue Netz Mecklenburgs ein, dazwischen schlafen gemütliche kleine Städtchen.

► **Röbel sur la Müritz.** Le plateau des lacs mecklembourgeois avec la Müritz, le deuxième grand lac intérieur d'Allemagne, est un paradis pour les pêcheurs, les pagayeurs, les amateurs de voile, de surf et de canots à moteur.

▲ **Malchow sur le Fleesensee.** Des lacs un peu partout – à l'ouest de la Müritz s'alignent le Kölpinsee, le Fleesensee et le Plauer See.

► **Röbel on Lake Müritz.** The Mecklenburg lake district, with Lake Müritz, the second-largest German lake, is an El Dorado for anglers, boat enthusiasts, and surfers. The eastern shore is a sanctuary for rare species of birds and plants.

▲ **Malchow on Lake Fleesen.** To the west of Lake Müritz the lakes Kölpin, Fleesen, and Plau extend across the Mecklenburg countryside.

▶ **Der Tollensesee bei Neubrandenburg.** Mecklenburg – Land mit Weitblick und bewegten Himmeln.
▼ **Reuterstadt Stavenhagen.** »Nu bün ik wedder hir«, die eigenen Worte Fritz Reuters könnte man seiner Statue vor dem Rathaus in den Mund legen, denn hier ist der Dichter plattdeutscher Mundart geboren.

▶ **Le Tollensesee près de Neubrandenburg.** Le Mecklembourg – une région au vaste horizon et au ciel tourmenté.
▲ **Reuterstadt Stavenhagen.** Le poète «bas-allemand» Fritz Reuter, dont la statue se trouve devant l'hôtel de ville, a donné son nom officiel à la ville (ville de Reuter).

▶ **Lake Tollense, near Neubrandenburg.** Mecklenburg – the land of wide vistas and changing cloudscapes.
▲ **Reuterstadt Stavenhagen.** The statue in front of the former Town Hall is of Fritz Reuter, the distinguished 19th dialect poet, who was born in Stavenhagen.

An Rhein und Ruhr

Im Ruhrgebiet

Ankommen, dasein, eindringen –, wann ist man eigentlich wirklich da und drin im Revier? Ist es wirklich schon der Augenblick, wenn sich auf der Autobahn hinter Düsseldorf der Himmel langsam verzerrt, wenn er blasser, fahler, glasiger wird und schließlich – bei untergehender Sonne – langsam verrostet? Ist man dann da? Man hält an, steigt aus, schnuppert neugierig in der Luft: Tatsächlich, schon kurz vor Duisburg riecht es. Wie? Es riecht nicht stark, aber doch so, als wenn zwischen all die Auspuffgase der Autobahn etwas von Mülleimer und etwas von Kohlenkeller geraten wäre.

Ein Abend in Wanne-Eickel zum Beispiel: Mein erster Abend, eine Vorstadtkneipe im Zentrum. Ganz Wanne-Eickel ist eine einzige Vorstadt, die nirgends beginnt und nirgends endet. Die Kneipe ist westfälisch: gediegen, hölzern, deftig. Die Leute sind stämmig und dick und geben sich, wenn sie kommen und gehen, dauernd die Hände. Immer schütteln dich irgendwo Hände hier. Die Leute kommen mit dem schiebenden und etwas gebückten Gang der Kumpels, obwohl es sie kaum noch gibt. Sie essen Grünkohl mit Mettwurst und trinken Dortmunder Bier dazu.

Ein Bursche neben mir am Spielautomat. Es liegt diese unglaubliche Tristesse eines Freitagabends, diese Leere eines langen Wochenendes von Wanne-Eickel in der Luft. Die Stadt ist schwarz und morsch und bricht an ihren Rändern wie altes Holz auseinander. »Bergschaden« sagt man hier. Der Boden rutscht immer noch und gibt manchmal nach. Ich höre zum

Sur le Rhin et la Ruhr

Dans la région de la Ruhr

Arriver, voir, comprendre – mais quand est-on vraiment arrivé, quand est-on vraiment dans le district de la Ruhr? Est-ce dès l'instant où, sur l'autoroute derrière Dusseldorf, le ciel change progressivement, qu'il devient plus pâle, plus blafard, plus vitreux pour finalement – au soleil couchant – se teindre en rouille? Est-on alors arrivé? On s'arrête, on sort de la voiture, on respire l'air avec curiosité: oui, c'est un fait, peu après Duisburg, cela sent déjà. Comment? Cela ne sent pas fort mais c'est une odeur particulière, comme si à tous les gaz d'échappement de l'autoroute se mêlaient des effluves de poubelle et de cave à charbon.

Un soir à Wanne-Eickel par exemple. Mon premier soir dans un bistrot de banlieue, au centre. Car toute la ville n'est qu'une immense banlieue qui ne commence et ne finit nulle part. Le bistrot est westphalien: un air de solidité, de rusticité, avec beaucoup de bois. Les gens sont solidement charpentés, gros et quand ils entrent et sortent ils se serrent toujours la main. Ici, on vous serre constamment la main. Les gens ont la démarche un peu traînante, l'allure un peu voûtée qu'ont les mineurs bien qu'il n'y en ait plus guère ici. Ils mangent du chou vert avec de l'andouille fumée et boivent de la bière de Dortmund.

À côté de moi, un jeune homme joue à la machine à sous. Il y a dans l'air cette tristesse incommensurable d'un vendredi soir, le vide d'un long week-end à Wanne-Eickel. La ville est noire et délabrée et craque de partout comme du vieux bois. C'est la faute de la mine, dit-on

On the Rhine and Ruhr

In the Ruhr District

Arrive, see, understand – but when has one really arrived, when is one really there in the District? Is it really already at the moment when, on the autobahn behind Dsseldorf, the sky gradually changes, becomes paler, milky, and finally – as the sun goes down – slowly turns to rust? Has one then arrived? One stops the car, gets out, sniffs the air curiously: yes, it is a fact, just before Duisburg you can already smell it. What does it smell like? It's not strong, but distinctive – it is as if, mixed with all the exhaust emissions from the autobahn, there were a touch of rubbish bin and coal cellar.

An evening in Wanne-Eickel. My first evening – in a suburban pub in the centre, because the whole of the town is one great suburb which begins and ends nowhere. The pub is Westphalian: solid, lots of wood, down-to-earth. The people are burly and fat, and, as they come and go, they always shake hands with one another. People are constantly shaking your hands here. They tend to shuffle and stoop somewhat as miners do, although there are very few miners left. They eat green cabbage with a polony-like sausage, and drink beer brewed in Dortmund.

There is a lad next to me playing a one-armed bandit. The atmosphere is full of the sheer boredom of a Friday evening with a long weekend looming in Wanne-Eickel. The town is black and decaying, crumbling at the edges like old wood. "Subsidence", they call it here. The ground above the old mines still shifts and sags occasionally. I hear the word "silicosis" for the

ersten Mal das Wort »Staublunge«. Der Bursche sagt, sein Vater habe eine Staublunge, er fürchte sie und arbeitet deshalb jetzt in der Post. Post sei viel besser. Schweigen, Bier trinken, rumstehen, warten, das monotone Klicken, das grelle Blitzen der Groschenautomaten dazwischen. Dann, als plötzlich lauter Groschen rasseln, fügt er hinzu: »Alles tot hier! Aber in Gelsenkirchen, sage ich Ihnen, da ist was los, da ist es schön!«

Ich fuhr also nach Gelsenkirchen, das sind sechs Kilometer, kaum zehn Minuten, aber in Gelsenkirchen war es nicht besser, nur größer. Es war schlimmer. Die Kurt-Schumacher-Straße führt vom Zentrum der Stadt nach Schalke hinaus. Die Kurt-Schumacher-Straße ist eine jener klassischen und phantastischen Industriestraßen des Reviers, die man heute bald unter Denkmalschutz stellen sollte. Sie ist fast so bizarr und abenteuerlich wie die Essener Straße in Oberhausen: Kein Kurzfilmer notiert ihre überwältigende Häßlichkeit.

Man fährt auf der Kurt-Schumacher-Straße auf sechs Bahnen durch eine gigantische Eisenlandschaft, die sich in den Himmel reckt: Fabriken, Zechen, Hochöfen, Kühltürme, Kokshalden, Kohlengebirge, Masten, Kabel, qualmende Schlote, Fördertürme, Schienenstränge, Schuppen fliegen an einem vorbei: Hier hast du das Ruhrgebiet, wie es seit Generationen als ein Gerücht durch Deutschland geht: Grauer Bleihimmel darüber, orangegelber Qualm liegt in zarten Wolken darunter, es wirkt alles wie eingetuscht. Dann wieder blauer Himmel wie an der Adria.

Auf den Bürgersteigen schieben sich Männer. In endlosen, grauen Herden schieben sich dreißigtausend Männer langsam voran. Arbeiterglück, Kumpel-Weekend, Samstagnachmittag 15.30 Uhr in Gelsenkirchen: Da strömt alles zu Schalke 04. Das Bild hat etwas unglaublich Eindringliches. Es erinnert an Galizien, an die Warschauer Straße in Ost-Berlin. Es könnte von Käthe Kollwitz sein, obwohl die Leute hier nicht elend aussehen. In solchen Massen sieht man den kleinen Wohlstand, den es hier gibt, nicht mehr. Schulter an Schulter, dichtgedrängt, schieben sie sich voran.

ici. Il y a de temps en temps des glissements de terrain et le sol cède parfois. J'entends pour la première fois parler de «silicose». Le jeune homme me dit que son père souffre de silicose, il a peur de la maladie et c'est pourquoi il travaille maintenant aux Postes. Les Postes, c'est bien mieux. On se tait, on boit sa bière, on traîne, on attend. Le silence est entrecoupé du cliquetis monotone et des éclairs éblouissants des machines à sous. Puis, quand tout à coup, les pièces se mettent à dégringoler, mon voisin ajoute: «Tout est mort ici. Mais à Gelsenkirchen, je ne vous dis que ça, il y a de l'ambiance, c'est super!»

Je suis donc parti pour Gelsenkirchen, à six kilomètres de là, dix minutes de trajet environ. Mais Gelsenkirchen n'est pas mieux, seulement plus grand. C'est pire. La Kurt-Schumacher-Strasse part du centre de la ville en direction de Schalke. Cette rue est une de ces rues industrielles classiques et fantastiques du district de la Ruhr que l'on devrait bientôt classer monument historique. Elle est presque aussi bizarre, étrange que la Essener Strasse à Oberhausen. Mais aucun court mètrage n'a enregistré sa grandiose laideur.

On roule sur la Kurt-Schumacher-Strasse sur six voies au milieu d'un paysage de ferraille gigantesque qui se dresse dans le ciel: fabriques, mines, hauts fourneaux, tours réfrigérantes, tas de coke, montagnes de charbon, mâts, câbles, cheminées fumantes, tours d'extraction, files de rails, hangars, tout cela défile en passant. C'est le district de la Ruhr comme on le connaît par ouï-dire depuis des générations en Allemagne: un ciel de plomb gris avec des nuages jaune orange par-dessus comme coloriés au lavis. Puis de nouveau une tranche de ciel tout bleu qui ne ferait pas honte à l'Adriatique.

Les trottoirs sont bourrés de monde. Des hommes, une trentaine de mille, s'avancent lentement en longs troupeaux gris. Les plaisirs du travailleur, le week-end du mineur, un samedi après-midi à trois heures et demie à Gelsenkirchen: tout ce monde va voir le Schalke 04 qui joue sur son terrain. C'est un spectacle incroyable, saisissant. Cela rappelle la Galicie, la

first time. The lad tells me his father suffers from silicosis, so he now works for the post office instead. The post office is a step up, in more senses than one. Silence. Drink your beer, stand around, wait – all punctuated by the monotonous clicking and flashing of the "fruit" machine. Then, as he suddenly hits the jackpot, he adds: "What a dump Wanne-Eickel is! But in Gelsenkirchen there's plenty going on, I can tell you – its a great place!"

So I went to Gelsenkirchen, six kilometres away, just about ten minutes. But Gelsenkirchen is no better, only larger. It was worse. Kurt-Schumacher-Strasse takes you from the centre out to Schalke. Kurt-Schumacher-Strasse is one of those classical and fantastic industrial roads in the District that should soon be classified as a protected monument. It is almost as bizarre and adventurous as Essener Strasse in nearby Oberhausen, breathtaking in its ugliness. One drives along Kurt-Schumacher-Strasse on a six-lane road through a gigantic iron landscape reaching for the skies: factories, collieries, blast-furnaces, cooling towers, coke dumps, slag heaps, masts, cables, smoking chimneys, pit-head gear, railway sidings, sheds all fly past one. This is the Ruhr District as it has been known by hearsay throughout Germany for generations: a grey leaden sky above, with delicate orange-coloured clouds of smoke suspended in it as if painted in water colours. Then a patch of blue sky that would do justice to the Adriatic.

The pavements are full of men. Thirty-thousand of them slowly shuffle forwards in long, grey herds. The working-man's joy, the miner's weekend, at half-past three on Saturday afternoon in Gelsenkirchen: everyone is on his way to watch Schalke 04 play at home. It is a haunting scene. It could have been painted by Käthe Kollwitz, although the people here do not look wretched. Such masses obscure the modest degree of prosperity enjoyed in the region. Side by side, closely packed, they slowly move ahead.

So I went to see Schalke 04 play Munich 1860. I stood in the rain for two hours, lashed by the

Ich ging also zu Schalke 04 gegen München 1860. Ich stand zwei Stunden im Regen, Reißwinde fuhren mir durch die Haare, Wasser peitschte mir ins Gesicht, ich sah die Schornsteine in der Ferne qualmen, hörte Dampflokomotiven pfeifen, spürte dreißigtausend Männer um mich herum stöhnen, stampfen, schreien. Jubel und Qual umbrandeten, aber trafen mich nicht. Ich blieb vollkommen kalt und dachte nur: Du bist hier, aber nicht wirklich da. Du stehst nun bei Schalke 04 und bist doch so fremd. Wie kommt man bloß rein in dieses nahe, in dieses ferne Revier?

Warschauer Strasse à Berlin-Est. Il aurait pu être peint par Käthe Kollwitz bien que les gens ici n'aient pas l'air misérable. Ce genre de masse oblitère le faible degré de prospérité de la région. Côte à côte, en rangs serrés, tout ce monde avance.
J'ai donc assisté au match qui opposait le Schalke 04 à l'équipe du Munich 1860. J'ai passé deux heures sous la pluie, dans un vent cinglant, je voyais les cheminées fumer au loin, j'entendais le sifflement des locomotives, les trente mille hommes autour de moi soupirer, taper du pied, crier. L'allégresse et la déception se mêlaient autour de moi mais ne me touchaient pas. Je restais tout à fait indifférent et je me disais simplement: tu es là mais pas vraiment là. Tu es en train de regarder le Schalke 04 mais tu es quand même étranger au spectacle. Comment peut-on arriver à comprendre cette région à la fois si proche et si distante?

wind, I saw the chimneys smoking in the distance, heard the whistles of the locomotives, heard the thirty-thousand men around me groaning, stamping, bawling. Elation and agony all around, but none of it touched me. It left me completely cold, and I simply thought: you are here, but not really present. You are watching Schalke 04, and are a stranger. How can one ever really understand this District, which is so near and yet so distant?

Karneval in Köln. Kölle Alaaf! An den drei tollen Tagen des Jahres werden aus »echten rheinischen Jongs« übermütige »Jecken«. Mit Herz und Schnüß lassen sie bei Karnevalsumzügen Dampf ab über Regierung, Stadtväter, Moneten und Machenschaften, am meisten aber lachen sie über sich selbst.
▶ ▶ **Kölner Dom, Blick in den Chor.**
▶ ▶ **Köln, Wallraf-Richartz-Museum und Museum Ludwig, dahinter die Ostseite des Domes.**

Le carnaval à Cologne. Trois jours durant, la ville se déchaîne. Les défilés carnavalesques sont l'occasion pour les habitants de tourner en dérision le gouvernement, les conseillers municipaux, l'argent et les intrigues.
▶ ▶ **La cathédrale de Cologne, vue sur le chœur.**
▶ ▶ **Cologne, le musée Wallraf-Richartz et le musée Ludwig, derrière la façade est de la cathédrale.**

Carnival in Cologne. On the last three days of the pre-Lent Carnival period, the "real Rhenish lads" in Cologne take to the streets to make fun of the federal and municipal governments – and of themselves.
▶ ▶ **Cologne Cathedral, view of the chancel.**
▶ ▶ **Cologne: the Wallraf-Richartz and Ludwig Museums, with the east side of the Cathedral behind.**

▶ **Blick vom Siebengebirge auf Bonn und den Rhein.** *Von der um 50 n. Chr. gegründeten Fähr- und Fischersiedlung Castra Bonnensia bis zur Bundeshauptstadt: weiter wird die politische Karriere nicht gehen. Schon jetzt laufen Bemühungen, die Stadt nach dem Wegzug der großen Politik nicht hinter den sieben Bergen verschwinden zu lassen.*
▼ **Das Alte Rathaus in Bonn mit Marktplatz und -brunnen.**

▶ **Vue du Siebengebirge sur Bonn et le Rhin.** *De la Castra Bonnensia – agglomération de pêcheurs et station sur la grande voie du Rhin fondée en l'an 50 après J.-C. – jusqu'à la capitale fédérale, mais la carrière politique de la ville devrait s'arrêter là, après le départ de la grande politique.*
▲ **L'ancien hôtel de ville à Bonn avec la place du Marché et la fontaine.**

▶ **View of Bonn and the Rhine from the Siebengebirge Range.** *Castra Bonnensia, a fishing and ferry village founded in the first century, became the Federal Capital in the twentieth, but must now surrender the honour to Berlin. There are various plans to compensate Bonn for its loss of status.*
▲ **The Old Town Hall in Bonn, with Market Place and Market Fountain.**

◀ **Freudenberg im Siegerland.** Südlich des Sauerlandes erstreckt sich, von den Ballungsgebieten an Rhein und Ruhr etwas ins Abseits gerückt, das Siegerland. Sein Schaustück Freudenberg präsentiert stolz die schmuck restaurierten, über dreihundert Jahre alten Fachwerkhäuser.

▼ **An der Ruhr zwischen Essen-Werden und Mülheim.** Wer unter Ruhrgebiet nur trostlose Industrielandschaft vermutet, liegt völlig falsch. Überall entlang der Ruhr gibt es idyllische Nischen, wo man Kraft schöpfen kann.

◀ **Freudenberg dans le Siegerland.** Le Siegerland s'étend un peu à l'écart au sud du Sauerland. Freudenberg est fière de ses maisons à colombage vieilles de trois siècles et fort bien restaurées.

▲ **Sur la Ruhr entre Essen-Werden et Mülheim.** Il serait faux de croire que la région de la Ruhr se réduit à un triste paysage industriel car elle ne manque pas de coins idylliques.

◀ **Freudenberg in Siegerland.** To the south of the Sauerland region, somewhat isolated from the Rhine and Ruhr conurbations, is Siegerland, and its "show-window": Freudenberg, with its well-preserved 300-year-old half-timbered houses.

▲ **The Ruhr, between Essen-Werden and Mülheim.** The industrial Ruhr District has many idyllic spots ideal for recreation and relaxation.

◄ **Das Panorama von Aachen.** Als ehemalige Residenz der fränkischen Könige und Lieblingspfalz Karls des Großen ist Aachen eine der historisch bedeutendsten Städte Europas. Im Dom (links) wurden deutsche Könige und Kaiser gekrönt. In der Mitte die Pfarrkirche St. Foillan und rechts mit den beiden Türmen das Rathaus, in dem Krönungsmähler und Reichstage abgehalten wurden. Im Vordergrund der Elisenbrunnen von Friedrich Karl Schinkel.

▼ **Windmühle bei Heinsberg.** Von hier kann Holland nicht mehr weit sein.

◄ **Vue d'Aix-la-Chapelle.** Aix-la-Chapelle est une des villes historiques les plus importantes d'Allemagne. Les rois et les empereurs allemands furent couronnés dans la cathédrale (à gauche). Au milieu, l'église St.-Foignan et, à droite, l'hôtel de ville. Au premier plan, l'Elisenbrunnen.

▲ **Moulins à vent près de Heinsberg.** D'ici, la Hollande ne peut plus être très loin.

◄ **Aachen, panorama.** The one-time residence of the Frankish kings and site of Charlemagne's favourite palace is one of Europe's most historical cities. Many German kings and emperors were crowned in the Cathedral (left), and coronation dinners and parliaments were held in the twin-towered Town Hall.

▲ **Windmills near Heinsberg. Holland is clearly not far away.**

◀ *Die Rheinfront von Düsseldorf.* Die Landeshauptstadt von Nordrhein-Westfalen gilt als
»Schreibtisch des Ruhrgebietes«, hier befinden sich
große Konzerne und Organisationen, sie ist Handels-
zentrum und Börsenstadt, aber auch Mode- und Kul-
turmittelpunkt.
▼ *Einkaufen mit Stil in der Kö-Galerie an der
Königsallee in Düsseldorf.*

◀ *Le front du Rhin à Dusseldorf.* La capitale de la
Rhénanie du Nord-Westphalie passe pour être le
«bureau de la région de la Ruhr». C'est ici que se
trouvent les grands consortiums. Dusseldorf est à la
fois un centre commercial, une place boursière, une
plate-forme de la mode et un centre culturel.
▲ *La Kö-Galerie, un endroit élégant pour faire ses
achats, dans la Königsallee à Dusseldorf.*

◀ *The Rhine Embankment in Düsseldorf.* The capital of North Rhine-Westphalia, the "Ruhr District's
writing-desk", a leading banking, trading and administrative centre, is also a focal-point for fashion
and the arts.
▲ *Shopping in style in the Kö-Galerie on Königsallee in Düsseldorf.*

89

◀ **Braunkohletagebau Frimmersdorf.** Südöstlich von Mönchengladbach zwischen Düsseldorf und Köln befindet sich eines der größten Braunkohleabbaugebiete Deutschlands. Schaufelrad- und Schürfkübelbagger fressen sich ins Kohleflöz, das Fördergut wird auf Bändern weitergeleitet.

▼ **Duisburg-Ruhrort, weltweit größter Flußhafen an der Ruhrmündung.** Vor allem Massengüter wie Erze, Kohle, Getreide, aber auch Stückgut der ortsansässigen Stahlgiganten wird immer noch am billigsten auf dem Wasserweg in alle Welt geschippert.

◀ **Exploitation à ciel ouvert de lignite.** Au sud-est de Mönchengladbach entre Dusseldorf et Cologne se trouve une des plus grandes régions d'exploitation de la lignite d'Allemagne.

▲ **Duisburg-Ruhrort, le plus grand port fluvial sur l'embouchure de la Ruhr.** Le transport fluvial reste le moyen le moins cher pour envoyer dans le monde entier des marchandises de gros tonnage.

◀ **Opencast mining of brown coal at Frimmersdorf.** In one of the largest German opencast mines, between Düsseldorf and Cologne, huge machines eat into the coal to supply the nearby power-station with fuel.

▲ **Duisburg-Ruhrort, the world's largest river port, where the Ruhr joins the Rhine.** Water transport is still the most economical way of conveying bulk goods – and steel products from the Ruhr District.

91

◀ **Bergarbeiter im Ruhrgebiet.** Noch fahren sie ein, die Kumpels des Kohlenpotts, wenn auch Strukturwandel, Zechenschließungen und Stahlkrisen diesen Beruf langsam aussterben lassen.
▼ **Kraut-und-Rüben-Garten bei Wattenscheid.** Neben dem Fußball, den Brieftauben und den Pferderennen ist die Pflege des eigenen Gärtchens eine der beliebtesten Feierabendbeschäftigungen im Revier.
▶ ▶ **Der Hennesee bei Meschede.** An Wochenenden pilgern die Ruhrpottler an die vielen Stauseen des Sauerlandes.

◀ **Mineurs dans la région de la Ruhr.** Malgré les changements de structure, la fermeture des mines et les crises de l'acier, il reste des mineurs pour descendre au fond.
▲ **Jardin près de Wattenscheid.** Le jardinage reste, avec le football, la colombophilie et les courses de chevaux, une des occupations favorites des habitants de la région.
▶ ▶ **Le Hennesee près de Meschede.**

◀ **Miners in the Ruhr District.** In these days of industrial and economic change, the colliers of the Ruhr District seem to be a dying race.
▲ **Vegetable plot near Wattenscheid.** Football, pigeon-breeding, horse-racing, and gardening are most popular in the mining communities.
▶ ▶ **Lake Henne near Meschede.** Weekend excursions to the many reservoirs of the Sauerland region are a favourite with the Ruhr District population.

▶ **Münsterland: Land der Wasserschlösser.** Das in einer Parklandschaft eingebettete Schloß Darfeld bei Rosendahl kündigt kunstgeschichtlich die Schwelle zwischen Renaissance und Barock an. Auch noch in nachritterlicher Zeit fühlten sich die Adligen in wehrhaften Anlagen wohl.

▼ **Die Bever bei Haus Langen.** Von Bäumen umsäumt, mäandriert das Flüßchen durch die grünen Wiesen des Münsterlandes.

▶ **Le Münsterland: le pays des castels d'eau.** Le château de Darfeld près de Rosendahl annonce la transition entre la Renaissance et l'art baroque. Même après l'époque des chevaliers, les nobles se sentaient bien dans des constructions fortifiées.

▲ **La Bever près de Haus Langen.** Ourlée d'arbres, la petite rivière trace ses méandres à travers les vertes prairies du Münsterland.

▶ **Münsterland: the land of moated castles.** Darfeld Castle, near Rosendahl, in its parkland surroundings, marks the transition between the Renaissance and Baroque periods. The aristocracy still felt at home in fortified premises well after the end of the age of chivalry.

▲ **The River Bever near Haus Langen.** Lined by trees, the little river meanders its way through the green meadows of Münsterland.

Zwischen Harz und Eifel

Wo einst Grenzland war

Diese Regionen hier haben nur einen Nachteil: Man kennt sie zu wenig. Sie sind sanft, maßvoll, still, eben deshalb fast unbekannt. Wenn ich zum Beispiel an meine erste Woche hier im Werra-Meißner-Kreis zurückdenke: Ich kannte das Land nicht. Es war Sommer. Es war August. Es war eine Erinnerung an das, was wir früher einmal Sommerfrische nannten. Überall stand das Korn reif auf den Feldern. Es roch nach Heu, nach Holz, nach Harz. Es ist ein herbes, sprödes Land, vorwiegend hügelig. In sanften Schwüngen ziehen sich grüne Bergrücken hoch, sie sinken dann wieder in weite offene Täler zurück. Die Wälder sind stumm, die Wiesen sehr weit. Pferdegestüte in der Ferne. Thüringen ist hier überall schon zu spüren, tief dunkelgrün, sehr arm.

Ich war in Eschwege, der kleinen geschäftigen Kreisstadt, in die die Leute aus Nordhessen und Thüringen am Wochenende zum Einkaufen fahren. Ich sah die schönen Fachwerkfassaden von Allendorf und Bad Sooden. Sie glänzten mit ihren Butzenscheiben wie frisch geputzt. Es gibt Schlösser und Burgruinen auch hier, massenhaft. Und da und dort kleine, sehr lichte, hellgrüne Kirchen, die es in sich haben, kunstgeschichtlich gesehen.

Man fährt immer durch Wälder, fährt traumverloren durch grüne Auen, stille Bergstraßen tragen einen empor. Ach Deutschland denkt man, so grün, so tief. Thüringen ist sein schönstes Herz. Man muß es erwandern. Am besten sind Thüringen und Hessen – zu Fuß.

Entre le Harz et l'Eifel

Où il y avait autrefois une frontière

Ces régions n'ont qu'un inconvénient: on les connaît trop peu. Elles sont douces, modérées, paisibles et, de ce fait, presque inconnues. Si je songe, par exemple, à ma première semaine dans le district de Werra-Meissner en Hesse: je ne connaissais absolument pas le pays. Nous étions en été, au mois d'août et tout me rappelait les vacances d'autrefois. Le blé était mûr dans les champs. On sentait l'odeur du foin, du bois, de la résine. Le pays essentiellement montueux est austère, distant. Les croupes verdoyantes des collines s'élèvent en douceur pour redescendre dans de larges vallées ouvertes. Les forêts sont silencieuses, les prés très vastes avec, çà et là, des haras. On sent déjà la proximité de la Thuringe, d'un vert profond, très pauvre.

J'étais à Eschwege, la petite ville animée du district, où les habitants de la Hesse du Nord et de Thuringe viennent faire leurs achats le week-end. J'admirais les belles maisons à colombage de Allendorf et de Bad Sooden. Leurs vitres en culs-de-bouteille brillaient sous le soleil. On trouve également ici de nombreux châteaux et des ruines de châteaux forts. Et ici et là de petites églises très claires, d'un vert pâle qui recèlent des trésors d'architecture.

Les routes traversent les forêts, de verts pâturages montent à l'assaut des montagnes. Oh, Allemagne, pense-t-on, si verte, si profonde dont la Thuringe est le plus beau cœur et que l'on devrait, comme la Hesse voisine, découvrir de préférence à pied.

Between the Harz and Eifel Mountains

Where the border used to run

Such regions have only one disadvantage: they are too little known. They are gentle, moderate, tranquil – in other words, scarcely on the map. If I recall, for example, my first week in the Werra-Meissen district in the State of Hesse: it was totally new to me. It was summer, August, and the atmosphere was reminiscent of summer holidays in the country in earlier times. The corn was ripe and golden in the fields. The air was fragrant with the smell of hay, timber, and resin. The rolling countryside is austere, reserved. Green hills rise gently and then subside again into broad valleys. The silent woods are interspersed with broad meadows, with a stud-farm here and there. The nearness of Thuringia, dark-green, and very poor – just across what used to be the internal German border – can be felt.

I was in Eschwege, the busy little county town where the people from North Hesse and Thuringia do their weekend shopping. I admired the fine half-timbered houses in Allendorf and Bad Sooden. Their bull's-eye windows gleamed in the sun. Here, too, there are palaces and ruined castles galore. And here and there are small, very light, pale-green churches full of architectural and ornamental interest.

The roads run up and down dale, through woods and dreamily romantic meadows. Oh, Germany, one thinks – so green, unfathomable. And Thuringia is your heartland, a heartland which, like neighbouring Hesse, is best explored on foot.

Sachsenstein bei Bad Sachsa im Südharz. Im Harz finden sich noch viele Spuren salischer und sächsischer Könige und Kaiser, die als Ruinenreste ein fast unbemerktes Dasein fristen. An dieser Stelle hat Heinrich IV. nach seiner Niederlage 1074 der Schleifung der Burg Sachsenstein zustimmen müssen.

Sachsenstein près de Bad Sachsa dans le sud du Harz. Dans le Harz, les rois et empereurs saliens et saxons ont laissé de nombreuses traces, parfois peu visibles. A cet endroit, Henri IV, après sa défaite en 1074, a dû faire abattre le château de Sachsenstein.

Sachsenstein near Bad Sachsa in the southern Harz Mountains. There are still many traces of earlier Saxon rulers in the form of half-forgotten ruins. This was the site of Sachsenstein Castle, which Henry IV had to demolish after his defeat in 1074.

99

▶ **Vom Münzenberg Blick auf den Schloßberg von Quedlinburg.** Eile tut not, denn viele der denkmalgeschützten Fachwerkhäuser zu Füßen des Schlosses und der doppeltürmigen Stiftskirche sind vom Verfall bedroht.

▼ **Von Torfhaus Blick auf den Brocken.** Der 1142 Meter hohe Brocken im Dunst des Harzes, Ort der Walpurgisnacht, jetzt kann er wieder – ungehindert durch Grenzposten – von Hexen, guten und bösen Geistern aus allen Teilen Deutschlands heimgesucht werden.

▶ **Vue du Munzenberg en direction de la colline du Château de Quedlinburg.** Le temps presse car de nombreuses maisons à colombage au pied du château et l'abbatiale menacent de tomber en ruine.

▲ **Vue de la tourbière en direction du Brocken.** Le Brocken, haut de 1142 mètres, dans la brume du Harz, où Gœthe a imaginé sa scène de la nuit de la Walpurgis.

▶ **View of Quedlinburg Castle from Münzenberg.** Many fine buildings at the foot of the castle are in a state of decay, and cry out for renovation.

▲ **View of Mt Brocken from Torfhaus.** Mt Brocken, 1,142 metres high, traditionally the meeting place of witches on Walpurgis Night (1st May), can now again be visited by witches from all over Germany, unhindered by iron curtain or border guards.

Die Löwenburg bei Kassel. Die Wilhelmshöhe hat neben dem Schloß, Kapellen, der Herkulesstatue, Fontänen, Kaskaden und dem Oktogon auch noch eine Burg nach mittelalterlichem Vorbild zu bieten.

Le Löwenburg près de Kassel. Outre le château, les chapelles, la statue d'Hercule, les fontaines, les cascades et l'Octogone, la Wilhelmshöhe offre encore le Löwenburg construit à la manière d'un château féodal.

Löwenburg Castle near Kassel. Wilhelmshöhe Park, near Kassel, contains a palace, chapels, fountains, cascades, the Octagon, a giant Hercules Statue — and the artificial ruin of Löwenburg, built in the 18th century.

◄ *Die Hohe Rhön mit der Wasserkuppe.* Als höchste Erhebung des Hessischen Berglandes, unweit der Grenze zu Thüringen und Bayern, erhebt sich die Wasserkuppe 950 Meter über die Basalthochflächen vulkanischen Ursprungs. Für Segelflieger bietet die Wasserkuppe ideale Windverhältnisse.

▼ *Schäfer sind auf den kargen Höhen der Rhön keine Seltenheit.*

◄ *Le massif de la Rhön avec la Wasserkuppe.* Près de la frontière avec la Thuringe et la Bavière, le plus haut sommet du massif se dresse à 950 mètres au-dessus de terrains basaltiques d'origine volcanique. La Wasserkuppe offre des conditions de vent idéales pour les vélivoles.

▲ *Sur les hauteurs de la Rhön, les bergers ne sont pas rarissimes.*

◄ *The Rhön Uplands, with Mt Wasserkuppe.* Mt Wasserkuppe, the highest peak in the Hessian Mountains, not far from the borders with Thuringia and Bavaria, rises 950 metres above a basalt plateau of volcanic origin, and provides ideal conditions for gliding.

▲ *Shepherds are a common sight on the arid heights of the Rhön region.*

◀ **Panorama von Frankfurt am Main.** City der Gegensätze: im Vordergrund der Römer, rechts davon die Paulskirche, dahinter das Banken- und Verwaltungsviertel Westend und über allem die erleuchtete Dachpyramide des Messeturmes im Hintergrund.

▼ **Frankfurts »gute Stubb«, der Römerberg.** Die rekonstruierten Fachwerkhäuser umsäumen den alten Fest- und Messeplatz, auf dem schon seit 1543 der Gerechtigkeitsbrunnen steht.

◀ **Panorama de Francfort-sur-le-Main.** La ville des contrastes: au premier plan le Römer, devant à droite l'église Saint-Paul, derrière le Westend, le quartier des banques et des administrations et au fond la tour des foires et expositions.

▲ **Le Römerberg à Francfort.** Les maisons à colombage reconstruites entourent la place où se célébraient les grandes fêtes populaires et au milieu de laquelle trône depuis 1543 la fontaine de Justice.

◀ **Frankfurt/Main, panorama.** City of contrasts. in the foreground, the "Römer", with St Paul's church to its right, the banking and administrative quarter behind, and, in the background, the illuminated pyramidal roof of the trade fair tower.

▲ **Frankfurt's "parlour", the "Römerberg".** The reconstructed half-timbered houses face onto the old trade fair site, with its Fountain of Justice.

► **Wandergebiet Odenwald.** Zwischen Main, Kraichgau und Oberrheingraben können die Großstädter aus den umliegenden Ballungsräumen an Rhein, Main und Neckar Erholung finden.
▼ **Weinheim an der Bergstraße.** Dort, wo der Odenwald steil zur Rheinebene abfällt, verläuft die vom Klima verwöhnte Bergstraße mit ihren schmukken Kleinstädtchen und Weinorten.
► ► **Mainzer Domkulisse und Marktplatz.**

► **L'Odenwald, région de randonnées.** Entre le Main, le Kraichgau et le fossé du Rhin supérieur, les habitants des grandes conurbations du Rhin, du Main et du Neckar peuvent trouver la détente.
▲ **Weinheim sur la Bergstrasse.** Là, où l'Odenwald descend en pente raide vers la plaine du Rhin, se trouve la Bergstrasse.
► ► **La cathédrale de Mayence et le marché.**

► **The Odenwald Hills.** This region, in the angle formed by the Main and Rhine, is ideal walking country for townees from the nearby cities.
▲ **Weinheim/Bergstrasse.** The sunny Bergstrasse route, between the Odenwald Hills and the Rhine, is dotted with idyllic small towns and wine-growing villages.
► ► **Mainz Cathedral and marketplace.**

◀ **Weinfest auf dem Rathausmarkt in Wiesbaden.**
Weinselige Stimmung bei »gudde Droppe« aus dem
Rheingau vor imposanter Kulisse: das Neue Rathaus,
die Marktkirche und ganz links das Schloß, Sitz des
Landtages.

▼ **Spielbank in Wiesbaden.** Zu einer eleganten,
traditionsreichen Kur- und Bäderstadt gehört auch
eine Spielbank.

◀ **La fête du vin sur le Rathaus-Platz à Wiesbaden.**
Ambiance joyeuse pour la fête du vin du Rheingau
dans un décor imposant: le Nouvel hôtel de ville,
l'église protestante et, tout à fait à gauche, le
château, siège du parlement de Hesse.

▲ **Le casino à Wiesbaden.** Une station thermal et
de villégiature élégante, dotée d'une longue tradi-
tion, se doit également d'avoir un casino.

◀ **Wine festival on Town Hall Square, Wiesbaden.**
An imposing background for a glass of wine: the
New Town Hall, the Market Church, and, far right, the
Palace, seat of the Hessian Diet.

▲ **The Casino in Wiesbaden.** A casino is a must for
every elegant, long-established spa such as Wiesbaden.

◄ **Sankt Martin an der Weinstraße.** Zu Füßen des Pfälzerwaldes am Rand der Oberrheinischen Tiefebene verläuft die 80 Kilometer lange Weinstraße, das größte zusammenhängende Weinanbaugebiet Deutschlands.

▼ **Der Wormser Dom.** Er ist zwar der kleinste der rheinischen Kaiserdome, aber kunstgeschichtlich der stilreinste.

◄ **Sankt Martin sur la route du Vin.** Sur 80 kilomètres, la route du Vin parcoure la plus grande région viticole d'Allemagne au pied de la forêt du Palatinat en bordure du fossé du Rhin supérieur.

▲ **La cathédrale de Worms.** C'est certes la plus petite des cathédrales impériales rhénanes mais la plus pure de style.

◄ **Sankt Martin/Weinstrasse.** The 80-kilometre-long Weinstrasse, below the foothills of the Palatinate Forest, forms Germany's largest continuous wine-growing region.

▲ **Worms Cathedral.** It is the smallest of the Rhenish imperial cathedrals, but stylistically the purest.

115

▶ **Der Pfälzerwald.** *Eine ausgedehnte, hügelige, auch bergige Waldlandschaft mit Kiefern, Buchen, Eichen und Kastanien. Der Besucher findet Abgeschiedenheit auf ausgedehnten Wanderwegen.*
▼ **Blick von der Ruine Lindelbrunn in den Wasgau, den südlichen Teil des Pfälzerwaldes.**

▶ **La forêt du Palatinat.** *Une vaste région boisée avec des collines mais aussi des montagnes occupées par des pins, des hêtres, des chênes et des châtaigniers et sillonnée de sentiers de randonnée où le visiteur trouve le calme.*
▲ **Vue des ruines du Lindelbrunn dans le Wasgau, la partie sud de la forêt du Palatinat.**

▶ **The Palatinate Forest.** *An extensive, hilly – even mountainous – mixed forest of pine, beech, oak, and chestnut trees with plenty of quiet footpaths for hikers.*
▲ **View from the ruins of Lindelbrunn Castle of the Wasgau region, the southern part of the Palatinate Forest.**

◄ **Limburg an der Lahn.** Limburg rühmt sich, eine der schönsten Städte Hessens zu sein. Der auf einem Kalkfelsen thronende Dom trägt nicht unwesentlich dazu bei.

▼ **Kloster Maria Laach.** Von dieser Benediktiner-abtei gingen wichtige Impulse für die deutsche lithurgische Bewegung aus.

► ► **Burg Gutenfels mit Pfalzgrafenstein im Rhein.**

► ► **Burg Fürstenberg am Rhein.**

◄ **Limburg sur la Lahn.** Limburg s'enorguellit d'être une des plus belles villes de Hesse grâce entre autres à sa cathédrale qui trône sur une falaise de craie.

▲ **Abbaye de Maria Laach.** Cette abbaye bénédic-tine a grandement encouragé le mouvement lithur-gique allemand.

► ► **Le château de Gutenfels avec Pfalzgrafenstein et le Rhin.**

► ► **Le château de Fürstenberg sur le Rhin.**

◄ **Limburg on the Lahn.** Limburg is proud of being one of Hesse's most beautiful towns.

▲ **Maria Laach Monastery.** This Benedictine Abbey played an important role in the German liturgical movement.

► ► **Gutenfels Castle, left, with Pfalzgrafenstein Castle in the Rhine.**

► ► **Fürstenberg Castle on the Rhine.**

119

► **Die Moselschleife bei Bremm.** Weit ausladende Flußmäander, gesäumt von gepflegten Weindörfern, darüber steile und steilste Rebhänge, gekrönt von bewaldeten Hochflächen: Das ist das Moseltal par excellence.
▼ **Rheinland-Pfalz ist Burgenland: die Cochem an der Mosel.**

► **La boucle de la Moselle près de Bremm.** De larges méandres ourlées de coquets villages viticoles au pied de versants abrupts couverts de vignobles et couronnés de forêts, c'est la vallée de la Moselle par excellence.
▲ **Cochem sur la Moselle en Rhénanie-Palatinat.**

► **The Moselle, near Bremm.** The Moselle at its most typical: winding river, neat wine-growing villages, steep vineyards, and forest-clad hilltops.
▲ **Rhineland-Palatinate, land of castles: Cochem Castle on the Moselle.**

▶ *Die Porta Nigra von Trier.* Als Augusta Treverorum war Trier einmal Hauptstadt des weströmischen Reiches an der wichtigen Moselfurt zwischen romanisierten Galliern und den wilden Germanen. Das »schwarze« Stadttor ist das mächtigste aus der Römerzeit, das noch erhalten ist.
▼ *Die Mosel mit der Silhouette von Trier in der Abendstimmung.*

▶ *La Porta Nigra de Trèves.* Sous le nom d'Augusta Treverorum, une colonie fondée sur un gué important de la Moselle, Trève fut jadis la capitale des provinces occidentales de l'empire romain. La Porte Noire est un des plus importants monuments romains encore conservés.
▲ *La Moselle avec la silhouette de Trèves au crépuscule.*

▶ *The Porta Nigra in Trier.* Trier, on the Moselle between the Romanized Gauls and the barbarian Germans, was once capital of the West Roman Empire. The "black" gate is one of the mightiest surviving relics of the Roman period.
▲ *The Moselle, with the silhouette of Trier at dusk.*

◀ **Freundliche Grenzbegegnung.** Der Unterlauf des Flüßchens Sauer bildet die grüne Grenze zu Luxemburg, bis der Wasserlauf bei Wasserbillig in die Mosel mündet.

▼ **Das Saartal bei Saarlouis.** In der breiten Talaue des mittleren Saartales liegt die ehemals zu Frankreich gehörende Stadt.

◀ **Rencontre frontalière amicale.** Le cours intérieur de la Sûre constitue la frontière verte avec le Luxembourg jusqu'à ce qu'elle se jette dans la Moselle près de Wasserbillig.

▲ **La vallée de la Sarre près de Sarrelouis.** La ville, qui a appartenu autrefois à la France et où est né le maréchal Ney, est située dans la vallée de la Sarre.

◀ **Friendly Frontiers.** The lower section of the Sauer forms a green frontier between Germany and Luxembourg until the river joins the Moselle at Wasserbillig.

▲ **The Saar Valley near Saarlouis.** Saarlouis, which once belonged to France, lies in the broad valley formed by the middle reach of the river.

Martin Luthers Land

Erfurt zum Beispiel

Es ist nicht nur eine der ältesten Städte Deutschlands, es ist auch eine der schönsten Städte. Man soll sich Erfurt wie Nürnberg vorstellen, in den Norden gerückt. Und obwohl dort trotz mancher Renovierungen Anfang der achtziger Jahre schon wieder vieles bröckelt, sage ich doch: »Komm mit, sieh es dir an, es ist sehenswert.«

Geh durch die Bahnhofstraße zum Alten Ring, der immer noch Juri-Gagarin-Ring heißt. Geh weiter zur Lorenzkirche, dann zur Krämerbrükke, auf der enggedrängt lauter Fachwerkhäuser stehen, zweiunddreißig sollen es sein. Biege danach links ab zum Fischmarkt. Geh durch die Marktstraße, Paläste und Patrizierhäuser begleiten. Sie erzählen vom Stolz und Reichtum einer versunkenen Zeit.

Dann bricht die Enge der Marktstraße ab, ein weiter Platz öffnet sich plötzlich. Seine Leere verblüfft. Man hebt den Kopf, man staunt. Da erhebt sich am Ende der Leere, hinten hoch oben wie ein gewaltiges Gebirgsmassiv eine Gottesburg: grau, majestätisch, schweigend. Es sind eigentlich zwei Kathedralen, links der Dom, rechts die St.-Severi-Kirche. Das Ganze hat etwas von der Faszination einer großen Bühneninszenierung. Eine breite Freitreppe führt, gelegentlich dekorativ versetzt, nicht ohne Festlichkeit zum Dom empor. Hier müßte man Hofmannsthals »Jedermann« inszenieren, authentischer als in Salzburg, dachte ich. Und später ging mir dann durch den Kopf: Ich weiß nicht, woran das liegt. Die konnten früher einfach bauen. Die wußten, wie man einen Platz

Le pays de Martin Luther

Erfurt par exemple

Erfurt n'est pas seulement l'une des plus vieilles villes d'Allemagne, c'est aussi l'une des plus belles. Erfurt est une ville comme Nuremberg que l'on aurait poussée un peu vers le nord. Et même si certains édifices qui ont été restaurés au début des années quatre-vingt se délabrent à nouveau, je ne peux que dire: «Accompagnez-moi et regardez, cela en vaut la peine.»

Il faut suivre la Bahnhofstrasse jusqu'à l'ancien boulevard de ceinture qui s'appelle toujours Juri-Gagarin-Ring. Puis aller jusqu'à l'église Saint-Laurent, ensuite au pont des Epiciers (Krämerbrücke) bordé de part et d'autre de maisons à colombage, trente-deux au total, dit-on. On tourne ensuite à gauche vers le marché aux poissons. On suit la Marktstrasse avec ses palais et ses maisons patriciennes qui parlent de la fierté et de la prospérité d'une époque révolue.

L'étroite Marktstrasse débouche soudain sur une large place étrangement vide. On lève la tête, on s'étonne. Et là, au bout de la place, on aperçoit, se dressant comme un imposant massif montagneux, une vaste église, grise, majestueuse, silencieuse.

En fait ce sont deux églises, à gauche la cathédrale, à droite l'église Saint-Sever. L'ensemble a quelque chose de fascinant qui s'apparente à une grande mise en scène. D'imposants escaliers mènent à la cathédrale. C'est ici qu'il faudrait représenter le «Jedermann» d'Hofmannsthal, cela aurait l'air plus authentique, me disais-je, qu'à Salzbourg. Et plus tard je pensais: je ne sais pas à quoi cela tient, mais autrefois on arri-

Martin Luther's Land

Erfurt, for example

Erfurt is not only one of Germany's oldest towns, it is also one of the most beautiful. Erfurt is like Nürnberg shifted a bit to the north. And although some of the buildings which were renovated in the early 80's are already beginning to crumble again, I can only say: "Come along with me, and look at it for yourself, it is worthwhile!"

Walk through Bahnhofstrasse to the Old Ring Road, which is still called Juri-Gagarin-Ring. Then on to St Lawrence's Church, to Krämerbrücke (Merchants' Bridge), with its half-timbered houses on either side, 32 in number, so they say. Turn left to the Fish Market. Then proceed through Marktstrasse, lined with palaces and fine town houses, which tell of the pride and prosperity of times gone by.

Then the narrow Marktstrasse suddenly ends, opening onto a large square. It is surprisingly empty. One lifts one's head in amazement. And there, at the end of the square, rising majestically like a massif, is a vast church: grey, impressive, silent.

It is really two great churches, the Cathedral on the left, and St Severinus's on the right. The ensemble has something of the fascination of a great stage set. A broad flight of stairs provides a festive approach to the Cathedral. This would be a place to put on Hofmannsthal's "Everyman", and it would look more authentic here than in Salzburg, I thought. And later I thought: I don't know what it is, but they were able to build more simply and effectively in the old days. They knew how to "stage" architecture.

inszeniert. Keiner kann das heute mehr, in Ost und West. Wir leben in dürftiger Zeit, wir wissen nichts mehr davon, daß die Welt eine Bühne ist und daß wir Menschen die Schauspieler darauf sind.

Hier also hat Martin Luther seine große Entwicklung begonnen. Hier hat er zum ersten Mal jenes Gefühl der Schuld erlebt, das ihn ins Kloster trieb. Es war eine Entscheidung, die wahrhaft Geschichte machte. Heute freilich ist von dieser frühen Entwicklung Luthers nichts mehr zu sehen – wie auch? Reste der alten Universität stehen noch. Es gibt auch noch die ehemalige Klosterkirche der Augustiner: eine Basilika aus dem 14. Jahrhundert. An ihrer Südseite sind heute das alte Klostergebäude und der gotische Kreuzgang wiederhergestellt. Im Krieg wurde viel zerstört.

Man kann also einen Blick auf die Zelle rechts oben werfen, wo der junge Mönch Martin Luther damals wohnte. Man kann den Kreuzgang betrachten, wo er mit seinen Mitbrüdern auf und ab ging, meditierend, diskutierend. Was soll's? Was bringt das ein? Der Geist, der hier damals litt, rang mit sich selbst, er kam nicht ins reine mit sich und Gott. Ist das nicht unser deutsches Erbe? Protestantismus ist eine schwierige Sache. Er ist sehr innerlich. Er gönnt den Sinnen fast nichts.

vait à construire plus simplement. On savait mettre en place un décor. Plus personne n'en est capable aujourd'hui, ni à l'est ni à l'ouest. Nous vivons à une époque de médiocrité, nous ne savons plus que le monde est une scène et que nous autres humains sommes les acteurs. C'est donc ici que Martin Luther a commencé sa carrière. C'est ici qu'il a éprouvé pour la première fois ce sentiment de culpabilité qui le poussa dans un monastère. Ce fut une décision véritablement historique. Aujourd'hui, toutefois, il n'y a plus aucune trace des débuts de Luther – comment pourrait-il y en avoir? Il y a encore des vestiges de l'ancienne université. L'ancienne abbatiale des augustins existe également, c'est une basilique du XIVᵉ siècle. Sur sa face sud, on a reconstruit l'ancien couvent et le cloître gothique. Une grande partie avait été détruite pendant la Deuxième guerre mondiale. On peut donc jeter un coup d'œil sur la cellule en haut à droite que le jeune moine Martin Luther occupait. On peut contempler le cloître qu'il arpentait en compagnie des autres moines tout en méditant et en discutant. Mais qu'importe. L'esprit, qui a souffert autrefois ici, a lutté sans pouvoir faire la paix avec lui-même et avec Dieu. Le protestantisme n'est pas une chose facile. Il est très introspectif et n'accorde presque rien aux sens.

No one can do it any more – in the east or in the west. We live in meagre times, we have forgotten that the world is a stage, and we humans are the actors.

So this is where Martin Luther began his career. It was here that he first suffered the pangs of guilt that drove him into a monastery. It was a truly epoch-making decision. Today, however, there are no traces left of Luther's beginnings – how should there be? There are still fragments of the old university left. There is also the former Augustinian monastery church: a 14th century basilica. The old monastery buildings and the Gothic cloisters to its south have been reconstructed – a great deal was destroyed in the second world war.

The cell the young monk Luther occupied can be seen up on the right-hand side. One can look at the cloisters where he paced up and down with his brothers, meditating, discussing. But what profit is there in that? The spirit that suffered here then, wrestled inconclusively with itself and with God – a typical German quandary! Protestantism is not easy on its adherents. It is very introspective, keeps the senses on a very tight rein.

▶ *Erfurt, »das thüringische Rom«. Die »Stadt der Türme« mit dem Dom (links) und der Severikirche (rechts) über den engen Straßen der Altstadt zählt zu den eindrucksvollsten Städten Thüringens.*
▼ *Die Krämerbrücke von Erfurt. Wer auf ihr die Gera überquert, bemerkt kaum, daß er sich auf einer Brücke befindet: Sie wird von 32 Häusern gesäumt.*
▶ ▶ *Blick vom Großen Inselsberg über den Thüringer Wald.*
▶ ▶ *Im Schwarzatal, eine der reizvollsten Landschaften des Thüringer Waldes.*

▶ *Erfurt, «la Rome thuringienne».* La «ville des tours» avec la cathédrale (à gauche) et l'église Saint-Sever (à droite).
▲ *Le pont des Epiciers d'Erfurt.*
▶ ▶ *Vue du Grosser Inselsberg au-dessus de la forêt de Thuringe.*
▶ ▶ *Dans la vallée de la Schwarza, une des plus charmantes régions de la forêt de Thuringe.*

▶ *Erfurt, "the Thuringian Rome".* The "Town of Spires", with the Cathedral (left), and St Severinus's (right) is one of Thuringia's most impressive cities.
▲ *The "Krämerbrücke" in Erfurt.*
▶ ▶ *The rolling hills of the Thuringian Forest.*
▶ ▶ *The picturesque Schwarza Valley in Thuringia.*

▶ *Der Marktplatz in Wittenberg mit dem Martin-Luther-Denkmal.*
▼ *Ein deutscher Mythos: Die Wartburg bei Eisenach.* Einst war sie Ausgangspunkt des Sängerwettstreites, hier befand sich Luthers Studierstube, fand Richard Wagner seinen Tannhäuser-Stoff, und hier forderten Burschenschaftler im 19. Jahrhundert die deutsche Einheit.
▶▶ *Blick vom Magdeburger Dom auf die Elbe.*
▶▶ *Zu Füßen des Reiterstandbildes von Wilhelm II. am Kyffhäuser sitzt wartend Barbarossa.*

▶ *Wittenberg: place du Marché et monument de Luther.*
▲ *Un mythe allemand: la Wartburg près d'Eisenach.* Elle fut le théâtre d'une joute poétique, Luther s'y cacha et les corporations d'étudiants y revendiquèrent au XIXᵉ siècle l'unité allemande.
▶▶ *Vue de la cathédrale de Magdebourg sur l'Elbe.*
▶▶ *L'empereur Barberousse au Kyffhäuser.*

▶ *The Martin Luther Monument on the Market Square of Wittenberg.*
▲ *A German symbol: Wartburg Castle near Eisenach.* Here Luther translated the Bible, and Wagner found the material for his opera "Tannhäuser".
▶▶ *View of the River Elbe from Magdeburg Cathedral.*
▶▶ *Barbarossa waits at the ready at the foot of Wilhelm II's monument near the Kyffhäuser Mtns.*

134

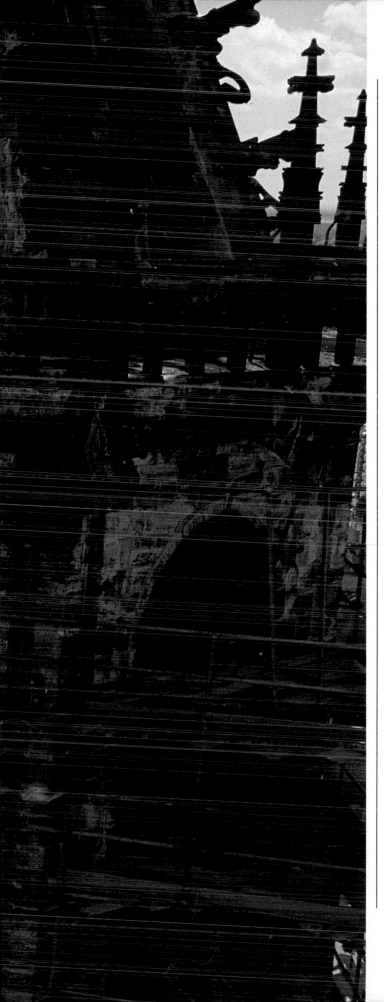

137

◄ **Das Denkmal des jungen Goethe vor der Alten Börse auf dem Naschmarkt in Leipzig.**
▲ **Handels- und Messezentrum Leipzig.** Von der größten Stadt Sachsens gingen schon immer wichtige Impulse aus: Sie ist Handels- und Wirtschaftszentrum, Messestadt, Sitz großer Verlage und Druckereien, und sie war Motor bei den Bürgerprotestbewegungen der jüngsten Vergangenheit.

◄ **Le monument du jeune Gœthe devant l'Ancienne Bourse au Naschmarkt à Leipzig.**
▲ **Leipzig.** Centre commercial et industriel et moteur des mouvements de protestation d'un passé récent.

◄ **Monument to the Young Goethe in front of the Old Exchange in Leipzig.**
▲ **Leipzig.** Saxony's largest town, a great commercial and industrial centre, famous for its publishing houses and printing works, played a key role in the recent reunification of Germany.

139

▶ **Der Burgberg von Meißen mit der Albrechtsburg und dem Dom.** *Er ist die Keimzelle der »Stadt der gekreuzten Schwerter«. Bis 1865 wurde in der Albrechtsburg das berühmte Meißner Porzellan hergestellt, heute kann es dort besichtigt werden.*
▼ **Das ehemalige Reichsgericht in Leipzig.** *Heute ein Kunsttempel mit wertvollen Werken der Bildhauerei und Malerei.*

▶ **Le Burgberg de Meissen avec l'Albrechtsburg et la cathédrale.** *Ce fut le noyau de la «ville aux épées croisées». Jusqu'en 1865, on fabriqua au château fort d'Albert la célèbre porcelaine de Meissen.*
▲ **L'ancien tribunal du Reich à Leipzig.** *Il abrite aujourd'hui le musée des Beaux-Arts avec des œuvres des plus grands maîtres de la peinture et de la sculpture.*

▶ **Albrechtsburg Castle and the Cathedral in Meissen.** *The germ cell of the "town of the crossed swords"; the famous Meissen porcelain was manufactured in the Castle until 1865, now it houses a permanent porcelain exhibition.*
▲ **The former Imperial Law Courts in Leipzig.** *Now an art gallery with an important collection of paintings and sculptures.*

▶ *Die Akademie der bildenden Künste mit dem Semperdenkmal.* Im Zentrum der Brühlschen Terrasse, die einmal »Balkon Europas« genannt wurde, entstand die Akademie im Neorenaissance-Stil. Die große Glaskuppel, im Volksmund »Zitronenpresse«, hat die Rolle als Wahrzeichen der Stadt anstelle der im Krieg zerstörten Frauenkirche (im Hintergrund) übernommen.
▼ *Das Osterzgebirge: gefrorene Idylle unter Schnee.*

▶ *L'Ecole des Beaux-Arts avec le monument de Semper.* Au centre de la terrasse de Brühl, appelée autrefois le «balcon de l'Europe», on a construit l'Ecole des Beaux-Arts dans un style néo-classique. Le grand dôme de verre est devenu le symbole de la ville à la place de l'église Notre-Dame détruite pendant la guerre (au fond).
▲ *L'Osterzgebirge: paysage hivernal.*

▶ *The Dresden Academy of Fine Arts, with the Semper Monument.* The Academy stands in the middle of the Brühl Terrace, which was once called "Europe's Balcony". The large glass cupola, locally dubbed "the lemon squeezer", has taken over the role of the city's symbol from the Church of our Lady (background) which was destroyed in the war.
▲ *The Eastern Erzgebirge: frozen idyll under snow.*

◄ Meisterwerk des Barock. August der Starke und sein Hofarchitekt Matthäus Daniel Pöppelmann schufen die schönste und stilreinste Barockanlage Europas: den Zwinger in Dresden.

▼ Das Jagdschloß Moritzburg. Noch ein barockes Schaustück von August und seinem Baumeister, heute als Museum für die Allgemeinheit zugänglich.

◄ Chef-d'œuvre du baroque. Auguste le Fort et son architecte de la cour Matthäus Daniel Pöppelmann ont créé le plus bel ensemble du plus pur style baroque d'Europe: le Zwinger à Dresde.

▲ Le château de Moritzburg. Encore une œuvre baroque due à Auguste le Grand et à son architecte; l'ancien rendez-vous de chasse du duc Maurice est aujourd'hui un musée ouvert au public.

◄ Baroque masterpiece. August the Strong of Saxony and his court architect Matthäus Pöppelmann created Europe's most beautiful and stylistically pure Baroque ensemble: the "Zwinger" in Dresden.

▲ Moritzburg Hunting Lodge. Another Baroque gem by August the Strong and his architect; now a museum with a unique collection of hunting trophies.

► **Sächsischer Sandstein als barocke Bögen.** Der Wallpavillon im Zwinger ist der gestalterische Höhepunkt des gesamten Ensembles. Auf seinem Dach befindet sich der »Herkules Sachsens«, August der Starke mit der Weltkugel auf seinen Schultern.

▼ **Die Verbindungsbrücke zwischen Schloß und Hofkirche.** Beim Luftangriff 1945 wurden Dresden und sein Schloß stark zerstört, die Aufbauarbeiten laufen jetzt auf vollen Touren und werden noch bis ins nächste Jahrtausend dauern.

► **Grès saxon pour des arcades baroques.** Le Wallpavillon a son pignon surmonté d'une statue, l'«Hercule de la Saxe», Auguste le Fort portant le monde sur ses épaules.

▲ **Le pont reliant le château et l'église de la Cour.** En 1945, Dresde et son château ont été très détruits; les travaux de reconstruction vont bon train mais dureront jusqu'au prochain millénaire.

► **Baroque arches of Saxon sandstone.** The Wall Pavilion in the Zwinger is the ensemble's high-light. On its roof: a statue of August the Strong as Hercules, bearing the globe on his shoulders.

▲ **The bridge between palace and court church.** Dresden and its palace were badly damaged in an air-raid in 1945. Reconstruction is still in progress, and will continue into the next century.

▶ **Blick vom Basteifelsen ins Elbtal.** *Ein Paradies für Wanderer und Kletterer: Wer gut zu Fuß ist, kann Höhen und Tiefen, Fels und Fluß hautnah kennenlernen.*
▼ **Basteifelsen in der Sächsischen Schweiz.** *Vom Kurort Rathen aus erreicht man die Felsengruppen Bastei und Neurathen, wo die Steinbrücke die schönste Aussicht freigibt.*

▶ **Vue des rochers de la Bastei dans la vallée de l'Elb.** *L'endroit est un véritable paradis pour les randonneurs et les alpinistes.*
▲ **Les rochers de la Bastei en Suisse Saxonne.** *De la station de villégiature de Rathen, on atteint le groupe de rochers de la Bastei et Neurathen où le pont de pierre offre un merveilleux panorama.*

▶ **View of the Elbe Valley from the Bastei Rocks.** *A paradise for ramblers and climbers extending from the Elbe to the top of the rocks 190 metres above the river.*
▲ **The Bastei Rocks in "Saxon Switzerland".** *The Bastei Rocks are best reached from Rathen Spa, and the best view of them is from the stone bridge seen here in the background.*

Von der Festung Königsstein Blick auf die Elb-schleife. Die Festung Königsstein auf dem gleich-namigen Tafelberg ist die größte Burganlage Sachsens. Über der Hochfläche steigt ein weiterer Tafelberg auf, der Lilienstein.

Vue de la forteresse de Königsstein sur la boucle de l'Elb. La forteresse bâtie sur une table de grès est le plus grand complexe fortifié de Saxe. Un autre rocher tabulaire se dresse au-dessus, le Lilienstein.

View of the Elbe from Königsstein Fortress. Königsstein, on a hill of the same name, is Saxony's largest castle.

◄ **Das mittelalterliche Stadtbild von Bautzen.** Das kulturelle Zentrum der sorbischen Minderheit trägt den Beinamen »Nürnberg der Oberlausitz«. Entlang der alten Stadtbefestigung von links nach rechts: Burgwasserturm, Michaeliskirche, neuer Wasserturm, Dom Sankt Petri und der Rathausturm.
▼ **Görlitz in der südöstlichen Ecke Sachsens.** 1945 wurde die Neiße Staatsgrenze, der Ostteil der Stadt gehört schon zu Polen.

◄ **La physionomie médiévale de Bautzen.** Le long de la vieille enceinte de gauche à droite: le Vieux château d'eau, l'église Saint-Michel, le Nouveau château d'eau, la cathédrale Saint-Pierre et la tour de l'hôtel de ville.
▲ **Görlitz dans le coin sud-est de la Saxe.** En 1945, la Neisse est devenue frontière d'Etat, la partie est de la ville fait déjà partie de la Pologne.

◄ **The medieval centre of Bautzen.** The town is the cultural headquarters of the Sorbian minority. From left to right along the fortifications: the Castle Water Tower, St Michael's Church, new water tower, the Cathedral, and the Town Hall tower.
▲ **Görlitz in southwest Saxony.** When the River Neisse became the state border in 1945 the eastern part of the town became Polish.

153

◀ **Das Heidelberger Schloß.** Die bekannteste Schloßruine Deutschlands, efeuumrankter Ort der deutschen Romantik, wacht über der Altstadt am Neckarstrand. Verbindendes Element zwischen Altstadt, Neckar und den steilen Hängen zum Odenwald ist die Alte Brücke mit ihren Steinfiguren.

▼ **Der Mannheimer Wasserturm.** Wo sich der Neckar mit dem Rhein verbindet, liegt Mannheim, die zweitgrößte Stadt Baden-Württembergs. Der Jugendstil-Wasserturm im Mittelpunkt des Friedrichsplatzes ist das Wahrzeichen der Stadt.

◀ **Le château de Heidelberg.** Le pittoresque château, un des hauts-lieux du romantisme allemand, veille sur la vieille ville au bord du Neckar.

▲ **Le Wasserturm de Mannheim.** Mannheim, la deuxième ville du Bade-Wurtemberg est située au confluent du Neckar et du Rhin. Le château d'eau de style 1900, au centre de la Friedrichsplatz, est le symbole de la ville.

◀ **Heidelberg Castle.** Germany's most famous ruin, symbol of German Romanticism, enthroned above the River Neckar. The Old Bridge, with its stone figures, forms a link between the Old Town, the Neckar, and the steep foothills of the Odenwald.

▲ **The Mannheim art nouveau Water Tower, emblem of Baden-Württemberg's second-largest town.** Mannheim lies at the confluence of Neckar and Rhine.

157

▶ *Das Kochertal bei Steinkirchen.* Im Hohenloher Land, dem nordöstlichen Teil des Musterländles, schlafen verträumte Dörfer und Städtchen, kaum stören Industriebauten die sanfte Landschaft.
▼ *Das Schloß von Weikersheim.* Hohenlohe wartet auch mit einer Vielzahl von Schlössern und Burgen auf, die die alten Fürstengeschlechter hinterlassen haben.

▶ *La vallée du Kocher près de Steinkirchen.* Les villages et les villes de la région de Hohenlohe sont paisibles; il n'y a guère d'industries pour troubler la beauté calme du paysage.
▲ *Le château de Weikersheim.* La Hohenlohe compte également un grand nombre de châteaux laissés par les anciennes dynasties princières.

▶ *The Kocher Valley, near Steinkirchen.* The Hohenlohe region, the north-easterly part of the State of Baden-Württemberg, is predominantly rural, with picturesque villages and small towns.
▲ *Weikersheim Palace.* Another delightful feature of Hohenlohe is its many palaces and castles, reminders of the noble families that once ruled the region.

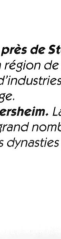

158

◀ **Stuttgart, die Schwabenmetropole, umgeben von Wald und Weinbergen.** Von südlichem Reiz ist die einmalige Hanglage der Landeshauptstadt, wenn auch der Krieg einmal das alte Stadtbild fast hat verschwinden lassen, ist sie immer noch eine Schönheit.
▼ **Das Staatstheater.** Fleiß und Sparsamkeit sagt man den Schwaben nach, doch sie haben auch viel Sinn für Oper, Ballett, Theater und Kunst.

◀ **Stuttgart, la métropole souabe entourée de forêts et de vignobles.** Un charme méridional se dégage de la situation unique sur un versant de la capitale du Bade-Wurtemberg.
▲ **Le théâtre d'Etat.** On dit des Souabes qu'ils sont travailleurs et économes mais ils aiment aussi l'opéra, les spectacles de ballet, le théâtre et l'art.

◀ **Stuttgart, the Swabian metropolis, embraced by woodland and vineyards.** The state capital, with its unique site, has a Mediterranean flair, and, although badly damaged in the war, is still a fine, impressive city.
▲ **The State Theatre.** The Swabians, famous for their industriousness and frugality, are also great lovers of the arts.

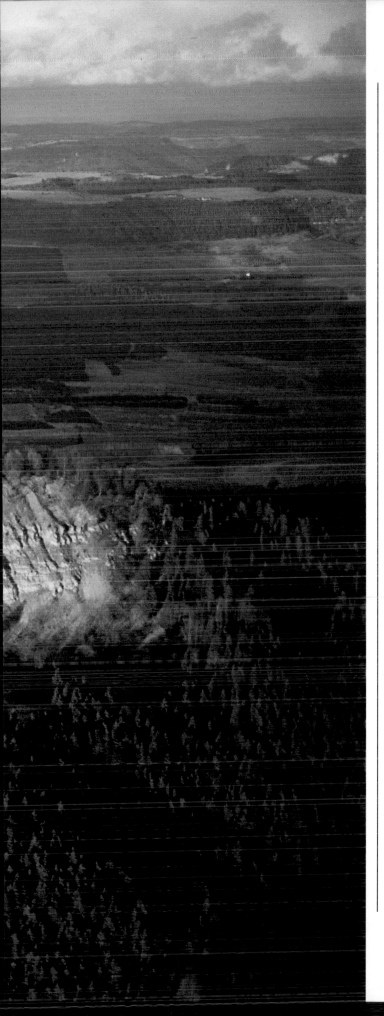

◀ **Die Schwäbische Alb um Hechingen und Balingen.** Hochflächen mit vorgelagerten Zeugenbergen wie dem Hohenzollern mit Kuppen, Spalten, Höhlen, dazwischen tiefe Täler, Schlösser und Burgen, all das macht den Reiz des schwäbischen Höhenzuges aus.

▼ **Die Hohenzollernburg bei Hechingen.** Das Stammhaus des letzten deutschen Kaisergeschlechts in seiner unverwechselbaren Lage auf einem steilen Kegel der Schwäbischen Alb.

◀ **Le Jura souabe entre Hechingen et Balingen.** Une région charmante constituée de hauts plateaux avec des buttes-témoins, des sommets, des crevasses, des grottes, de profondes vallées et des châteaux.

▲ **Le château de Hohenzollern près d'Hechingen.** Le berceau de la dernière famille impériale allemande dans son site incomparable sur un cône abrupt du Jura souabe.

◀ **The Swabian Uplands between Hechingen and Balingen.** The charm of this austere area lies in its mixture of wind-eroded mountains, peaks, gorges, and caves, interspersed with deep valleys, and numerous palaces and castles.

▲ **Hohenzollern Castle, near Hechingen.** The ancestral seat of the last German emperors, picturesquely perched on a hill in the Swabian Uplands.

▶ **Am Neckar in Tübingen.** Die alte Universitätsstadt durfte schon viele Dichter und Denker beherbergen: Kepler, Hegel, Schelling, Mörike, Hauff, Goethe und Schiller, vor allem aber Hölderlin, der im gelben Turm rechts verstarb.

▼ **Tübingen, am Holzmarkt vor der Stiftskirche.**

▶ **Tübingen sur les bords du Neckar.** La vieille ville universitaire a déjà accueilli un grand nombre de poètes et de philosophes: Kepler, Hegel, Schelling, Mörike, Hauff, Gœthe, et Schiller, mais surtout Hölderlin qui mourut dans la tour jaune à droite.

▲ **Tübingen, le Holzmarkt devant l'abbatiale.**

▶ **The Neckar at Tübingen.** Many famous names are associated with this old university town: Kepler, Hegel, Schelling, Mörike, Hauff, Goethe, Schiller, and, above all, Hölderlin, who died in the yellow tower seen on the right.

▲ **Tübingen, the "Holzmarkt" (Timber Market), in front of the Collegiate Church.**

◄ **Der Schwarzwald unter einer weißen Decke.** Eisig kalt kann es im Schwarzwald werden, nicht selten hält sich die geschlossene Schneedecke bis weit in das Frühjahr hinein – Lifte und Loipen sorgen dann für Winterfreuden.

▼ **Das Jostal im Südschwarzwald.** Winterlicher Frieden unweit von Titisee-Neustadt.

◄ **La Forêt-Noire sous un manteau blanc.** Il peut faire très froid en Forêt-Noire et la couche de neige persiste souvent jusqu'au printemps. Ce qui n'est pas pour déplaire aux skieurs.

▲ **Le Jostal dans le sud de la Forêt-Noire.** Un calme hivernal règne tout autour de Titisee-Neustadt.

◄ **The Black Forest, draped in white.** Winters can be bitterly cold in the Black Forest, and the snow cover can last well into spring – to the joy of winter sports enthusiasts.

▲ **The Jos Valley in the southern Black Forest.** A peaceful winter scene not far from Titisee-Neustadt.

▶ **Die Hochburg über Emmendingen.** Was heute als Ruine golden glänzt, war einmal Stammsitz der badischen Markgrafen.

▼ **Sprossende Weinreben im Frühjahr.** Baden und Württemberg sind Weinanbaugebiete, und die Winzer beider Regionen werden nicht müde, in wohlwollendem Wettstreit den besseren Tropfen hervorzubringen.

▶ **Le Hochburg au-dessus d'Emmendingen.** Ce chateau en ruine fut autrefois le berceau des margraves badois.

▲ **Vignobles au printemps.** Le pays de Bade et le Wurtemberg sont des régions viticoles et les vignerons de ces deux régions rivalisent de zèle pour produire les meilleurs vins.

▶ **Hochburg Castle above Emmendingen.** The proud ruins, glowing in the sunlight, are all that remain of the ancestral seat of the Margraves of Baden.

▲ **Sprouting vines in spring.** Baden and Württemberg are both wine-growing regions, and there is constant friendly competition between them as to which produces the better quality.

◀ **Der Feldberg im Südschwarzwald.** Mit 1493 Metern liegt die abgeflachte Kuppe des Feldberges schon über der Baumgrenze, sein Zwillingsberg, der Seebuck, zeigt seinen ebenso kahlen Schädel.
▼ **Die Klosterkirche St. Blasien im Albtal.**
Zwischen dem bunten Herbstlaub wölbt sich die riesige klassizistische Kuppel der Benediktinerabtei.

◀ **Le Feldberg en Forêt-Noire.** Avec ses 1493 mètres, le sommet du Feldberg se trouve déjà au-dessus de la limite de la forêt; sa montagne jumelle, le Seebuck, arbore également un sommet dénudé.
▲ **L'abbatiale de Saint-Blaise dans la vallée de l'Alb.** L'imposante coupole néo-classique de l'abbaye des bénédictins se voûte entre le feuillage aux couleurs de l'automne.

◀ **Mt Feldberg in the southern Black Forest.** The flat summit of Mt Feldberg rises to 1,493 metres, taking it above the tree-line; its twin summit, Mt Seebuck, is also bare of trees.
▲ **The Monastery Church of St Blaise in the Alb Valley.** The huge Classicist dome of the Benedictine abbey rises above the autumnal foliage.

▶ **Blick vom Freiburger Münster auf den Markt-platz.** Wer die 328 Stufen des Münsters besteigt, sollte schon schwindelfrei sein, aber er wird mit einem phantastischen Blick belohnt. Von der filigranen Turmspitze zu den Marktständen sind es immerhin 116 Meter.
▼ **Reicher Figurenschmuck am Westportal des Münsters.**
▶ ▶ **Das Städtchen Altensteig im Nagoldtal.**
▶ ▶ **Blick vom Schloß Rötteln nach Lörrach an der Wiese.**

▶ **Vue du Münster de Fribourg sur la place du Marché.** Pour monter les 328 marches du Münster, il ne faut pas avoir le vertige mais arrivé en haut on jouit d'une vue fantastique.
▲ **Le portail occidental du Münster à l'ornementation abondante.**
▶ ▶ **Altensteig dans la vallée de la Nagold.**
▶ ▶ **Vue du château de Rötteln en direction de Lörrach.**

▶ **View from the tower of Freiburg Minster of the Market Square.** Anyone climbing the 328 steps to the top of the Minster tower is rewarded with a fantastic view. The top of the spire is 116 metres above the market stalls.
▲ **Detail of the Minster's ornate West Portal.**
▶ ▶ **Altensteig in the Nagold Valley.**
▶ ▶ **View from Rötteln Castle towards Lörrach/Wiese.**

► **Lindau am Bodensee.** Oft ist es dunstig über dem Schwäbischen Meer – das hier schon bayerisch ist –, so daß nicht einmal das andere Ufer zu sehen ist. Wer Glück hat, erwischt einen der Momente, wo die Schweizer Alpen schroff aus dem Nebel aufsteigen.

▼ **Insel Mainau, Perle im See.** Schloß, Park- und Gartenanlagen mit Blütenrabatten und exotischen Gehölzen ziehen viele Besucher an.

► **Lindau dans le lac de Constance.** Le temps est souvent brumeux sur la mer Souabe mais, avec un peu de chance, on peut saisir le moment où les Alpes suisses sortent du brouillard.

▲ **L'île de la Mainau, perle du lac.** Le château, le parc et les jardins avec leurs plates-bandes de fleurs et leurs essences exotiques attirent de nombreux visiteurs.

► **Lindau on Lake Constance.** The atmosphere above the "Swabian Sea" is often so hazy that the opposite side is obscured. But there are moments, like this, when the Swiss Alps can be seen rising steeply above the far shore.

▲ **The Island of Mainau, Pearl of the Lake.** The palace and gardens, with their flowers and exotic shrubs and trees, attract countless visitors.

Unser Freistaat

Unser Urlaubsland

Menschen, die ihren Urlaub in Oberbayern verbrachten, schienen mir früher immer fast bemitleidenswert. Sie schienen mir phantasielose Geschöpfe, etwas unterbelichtet im deutschen Fernweh.

Na ja, sagte ich gern etwas hochmütig, die kennen die Welt eben nicht. Die wissen nichts von Cap Sunion oder der Algarve. Die haben keine Ahnung von Kiruna oder Karthago. Es sind Provinzameisen. Ich will damit sagen: Bayern schien mir nicht als ein Ziel, höchstens als eine erste Etappe. Man konnte da durchfahren Richtung Süden, mehr nicht.

In Wahrheit ist es umgekehrt. Man muß hier bleiben, verweilen, seßhaft werden für Augenblicke. Es gibt viele Freunde Bayerns: Menschen aus dem Ruhrgebiet, die hier einen sauberen Himmel mit den kräftigen Farben der Voralpen finden. Kölner und Düsseldorfer beherrschen mit ihrem rheinischen Dialekt ganz eindeutig die Fremdenszene so rund um den Chiemsee. Sind es die älteren Damen, die in Garmisch-Partenkirchen in schmucken Hotelgärten sitzen, in Hollywoodschaukeln wippen und von ihren Schwiegersöhnen plaudern, die in Hamburg groß ins Containergeschäft stiegen? Die Damen erholen sich hier richtig. Oder ist es die Jugend, die hier einsamen Bergwanderungen frönt? Ich traf sie immer wieder am Wegrand, Anhalter, einsame Zugvögel, und nahm sie mit. Der Wendelstein, die Kampenwand waren ihr Ziel. Jugend sucht immer Kampf, Bewährung, einsame Gefahr. Bayern bietet das, das unter anderem.

Des montagnes entre autres

Notre région de vacances

Les gens qui passaient leurs vacances en Haute-Bavière m'ont toujours paru autrefois presque dignes de pitié. Ils me semblaient être des créatures dépourvues d'imagination.

Non, me disais-je, d'une façon un peu arrogante, ils ne connaissent pas le monde. Ils ignorent tout du Cap Sunion ou de l'Algarve. Ils n'ont aucune idée de Kiruna ou de Carthage. Ce sont des provinciaux. Ce que je veux dire, c'est que la Bavière ne me paraissait pas un but, tout au plus une première étape. On pouvait la traverser en allant vers le Sud, sans plus.

Mais en fait c'est l'inverse. On doit s'arrêter ici, y demeurer un certain temps, la Bavière est une région où l'on doit s'attarder. Elle a de nombreux amis: des gens de la région de la Ruhr, qui y trouvent un ciel clair et les couleurs éclatantes des Préalpes. Autour du Chiemsee, les touristes viennent en grande partie de Cologne et de Dusseldorf comme l'atteste le dialecte rhénan que l'on entend un peu partout ici. Il y a les dames d'un âge certain qui se détendent dans les jolis jardins des hôtels de Garmisch-Partenkirchen, assises dans des balancelles, et parlent de leurs gendres qui ont réussi dans le commerce des conteneurs à Hambourg. Il y a aussi les jeunes qui viennent pour faire des randonnées dans les Alpes bavaroises. J'en ai souvent rencontré sur ma route et emmené, auto-stoppeurs, oiseaux migrateurs solitaires. Ils se rendaient au Wendelstein, à la Kampenwand. La jeunesse est toujours en quête de défi, d'épreuves solitaires, de danger. La Bavière offre cela, entre autres choses.

Mountains and Much More

Our holiday country

I used almost to feel sorry for people who spent their holidays in Upper Bavaria. They seemed to me to be short on imagination, to lack that essentially German drive to travel the world.

Well, I used to say, rather arrogantly, they simply do not know the world. They have never been to Cape Sounion or the Algarve. They have not a clue about Kiruna or Carthage. They are provincials. In other words, Bavaria did not seem like a destination to me, but at the most a place en route to somewhere else. One drove through it on the way south, that was all.

But in fact the opposite is the truth. Bavaria is a place to stay in for a while, a place to linger in. Bavaria has a multitude of friends. Many of them come here from the Ruhr District, to enjoy the clear sky and the contrasting colours of the pre-alpine countryside. The tourist area around Chiemsee (Lake Chiem), for example, is quite clearly dominated by people from Cologne and Düsseldorf, as the Rhenish dialect you hear spoken everywhere makes clear. Others are elderly ladies, who go, perhaps, to Garmisch-Partenkirchen and sit around in pretty hotel gardens in Hollywood swings talking about their sons-in-law who have made a packet in the container business in Hamburg. The ladies find it a good place to relax in. Then there are also the young people who come to walk in the Bavarian Alps. I have often picked them up at the roadside, hitchhikers, loners, and given them a lift. They were heading for Mts Wendelstein or Kampenwand. Youth is always in search

Unsereiner, der nicht mehr so jung, so wagemutig und gipfelstürmend ist, ist hier trotzdem nicht schlecht beraten. Ich denke zum Beispiel an Bad Tölz. Ich vergesse die Autoströme, die Rotampeln und Verkehrsschilder, die das Leben hier zu sehr bestimmen. Ich stehe auf der Isarbrücke in Bad Tölz. Ich sehe das Wasser der Isar, das hier tatsächlich noch hellgrün, klar und frisch schäumend rauscht. Man meint immer Forellen springen zu sehen, in kleinen Fontänen. Es kam ein Floß den Fluß herunter, es trieb Richtung München. Menschen standen darauf, lachten, winkten, tranken Bier oder Cola. Es war Musik zu hören, kein Jodeln, keine Schnaderhüpfer: Jazz und Popmusik. Ein richtiges Ferienbild, dachte ich. Ich dachte, es muß schön sein, so durch Bayern zu reisen, so flußabwärts und musikbegleitet.

Man wird mich doch nicht für einen Spottvogel halten, einen frivolen Lästerer, wenn ich sage: Auch Oberammergau ist für den Fremden sehenswert. Ich sah auf der Straße nicht den Christusdarsteller, auch nicht die bärtigen Jünger. Die Stadt der Passionsspiele ist genau, wie man erwartet: würdig und emsig, sie liegt bienenemsig im Fremdengeschäft. Ganz Oberammergau schien mir in Holz geschnitzt. Man kann nicht nur die Leiden Christi, auch die Schlachtenszenen aus den Napoleonischen Kriegen in Oberammergau kaufen. Man kann sich sogar in Holz portraitieren lassen.

Was weiter? Der Chiemsee ist rühmenswert. Ich meine, nicht nur die Herreninsel mit ihrer großen unvollendeten Nachbildung des Schlosses von Versailles, die Ludwig II. hier bauen ließ. Dieser Ludwig, sonderlicher Begleiter, einsamer Geselle, auf den man, in Bayern reisend, immer wieder stößt: überall Schlösser, Traumburgen, skurrile Grotten, von Neuschwanstein bis Linderhof. Über ihn muß man sagen: Trotz seines unglücklichen Lebens war er ein Glücksfall für Bayern. Die Leute strömen noch heute zu seinen Schlössern. Sie stehen und staunen und sind wie hingerissen von den Gebilden seiner ausschweifenden Phantasie.

Ein unvergeßlicher Punkt bleibt für mich hier am Chiemsee die Fraueninsel. Es waren die schön-

Mais les gens comme moi, qui ne sont plus si jeunes, si audacieux et ambitieux, se sentiront fort bien en Bavière. Je songe par exemple à Bad Tölz. J'oublie les files de voitures, les feux et les panneaux de signalisation extrêmement présents ici. Je suis sur le pont qui enjambe l'Isar à Bad Tölz. Je regarde couler la rivière qui est ici encore propre, claire et verte. On s'attend toujours à voir sauter des truites. Un radeau descend le cours de la rivière en direction de Munich avec des gens dessus en train de rire, d'agiter la main, de boire de la bière ou du coca. On entend de la musique, ce ne sont pas des tyroliennes ou de la musique folklorique mais du jazz et de la musique pop. Un véritable spectacle de vacances, me dis-je. Et je pense, cela doit être agréable de voyager ainsi en Bavière, de descendre la rivière au son de la musique.

Je pense que l'on ne me prendra pas pour un moqueur ou un plaisantin si je dis que Oberammergau vaut également une visite. Je n'ai pas rencontré dans la rue l'interprète du Christ ni les apôtres barbus. La ville du théâtre de la Passion est telle qu'on se l'imagine: digne et affairée, affairée surtout à cause du tourisme. Il m'a semblé que tout Oberammergau était taillé dans le bois. On peut non seulement acheter la Passion du Christ mais aussi des scènes de bataille des guerres napoléoniennes à Oberammergau. On peut même se faire faire son portrait en bois.

Quoi d'autre? Le Chiemsee est digne d'être mentionné. Je veux dire non seulement la Herreninsel avec sa réplique inachevée du château de Versailles que fit construire Louis II. Partout en Bavière on retrouve les traces de ce roi, personnage étrange et solitaire: partout des châteaux, des châteaux de conte de fées, des grottes bizarres de Neuschwanstein à Linderhof. Mais il faut dire que malgré sa vie malheureuse il fut une chance pour la Bavière, car aujourd'hui encore ses châteaux attirent les visiteurs en masse. Ceux-ci sont en admiration devant les produits de son imagination débordante.

En ce qui me concerne, la Fraueninsel est un endroit inoubliable. J'y ai passé les plus belles

of a challenge, of lone achlevements and danger. Bavaria can provide these – but much else besides.

People like me, who are no longer so young, so daring, and ambitious, are nevertheless well off in Bavaria. I am thinking of Bad Tölz, for example. Ignoring the traffic, the traffic lights, and the road signs which dominate life in the town too much, I stand on the bridge over the Isar, which here really is still fresh, clear, and green. A raft came drifting downriver towards Munich, with people standing on it – laughing, waving, drinking beer or cola. The music that could be heard was not yodelling or folkmusic, but jazz and pop. A real holiday scene, I thought. How pleasant it must be to travel downriver through Bavaria with music in one's ears.

I hope I will not be taken for a wag, or a cynic when I say that Oberammergau is also worth a visit. I saw neither the man who plays Christ nor any of the bearded Disciples in the streets. The town of the Passion Plays is just as one would expect it to be: dignified and busy, busy above all in the tourist trade. It seemed to me that the whole of Oberammergau had been carved out of wood. You can buy Christ's Passion and also battle scenes from the Napoleonic Wars in Oberammergau. Or even have your own bust carved in wood.

What else? The Chiemsee must be mentioned. And I do not just mean the Herreninsel (the main island in the lake), with its unfinished replica of Versailles Palace, built here by King Ludwig II. One comes across traces of Ludwig, an eccentric, lonely figure, everywhere in Bavaria: palaces, ornamental castles, bizarre grottoes from Neuschwanstein to Linderhof and right across to Chiemsee recall his mania for building. It must be said that despite his unhappy life he has proved a blessing for Bavaria, because his palaces are tourist attractions par excellence. The visitors stand and stare and seem to be enchanted by the products of his overheated imagination.

For me one of the greatest delights of the Chiemsee is the smaller island, called Frauenchiemsee. Silence envelops one, when, after

sten Stunden dieser Reise. Hat man das Schiff verlassen, wird es wunderbar still, wenn man durch die Insel geht. Bauernhäuser, Fischerhäuser, die man wohl verträumt nennen darf. Utopie aller Inselliebhaber: Ruhe, Frieden, Abgeschiedenheit, kein Autoverkehr.

Eingesunkene Häuser, an denen sich Blumen hochranken, blühende Gärten, in denen Touristen sitzen, mit nichts als Kaffee und Kuchen befaßt. Wäsche im Wind, Boote ans Land gezogen, einige Männer, die angeln, also richtige Ferienstimmung und natürlich: Das uralte Münster mit seinen romanischen Fresken ist zu besichtigen.

Geschichte schlägt einem kühl ins Gesicht, wenn man durch das berühmte Portal ins Innere tritt. Man sitzt in einer Kirchenbank, spürt die Vergangenheit rauschen, denkt: Also, wenn du einmal etwas Großes zu schreiben hast – vielleicht einen Roman – Frauenchiemsee wäre kein schlechter Ort dafür.

Schließlich, selbst Garmisch ist buchenswert. Als Tourist muß man den Doppelort unterscheiden. Partenkirchen ist jung, neu, modern. In seiner rechtwinkligen Straßenstruktur erinnert es fast an Amerika, von Block zu Block. Unser Ferienidyll, unsere Bayernpostkarte ist in Garmisch bewahrt, weniger rustikal, weniger deftig als anderswo. Garmisch ist als Kurort sehr elegant. Ein Zug ins Großartige und Weltläufige ist zu erkennen. Ein Hauch von Weltbad weht mit.

Es regnete sanft und beständig in Garmisch. Ich ging also in die Spielbank. Sie ist kaum der Rede wert, es sei denn, das Spielerglück wäre einem hold. Also deswegen, wahrlich, muß man nicht in dieses Land fahren.

Bayern muß man einfach lieben. Das Land ist ein Kosmos. Es hat vielen vieles zu bieten. Man muß sich das Seine suchen. Schwimmen, segeln, rudern, angeln, auf Bergen kraxeln, in Tälern wandern oder einfach nur Kaffeetrinken im Hotelgarten, oder Kunst und Kirchen besichtigen, oder einfach nur gut Essen gehen, so kurz vor Kloster Ettal zum Beispiel. Man wird alles sauber, freundlich und nicht einmal zu teuer finden. Es ist müßig, das Bier hier zu loben. Es gibt immer noch abgelegene Dörfer hier, stille

heures de mon voyage. A peine débarqué du bateau, vous êtes plongé dans le silence de l'île. Les maisons paysannes et les maisons de pêcheurs ont un air romantique. C'est comme l'île idéale dont on rêve: le calme, la paix, l'isolement, pas de voitures.

Des masses de fleurs ornent les maisons aux jardins fleuris où les touristes se prélassent, uniquement préoccupés de boire leur café et de manger des gâteaux. Du linge sèche dans le vent, les bateaux ont été tirés sur la berge, quelques hommes pêchent, c'est une véritable atmosphère de vacances et bien entendu la vieille église avec ses fresques romanes attend les visiteurs.

Une bouffée d'histoire vous saute au visage lorsque vous franchissez le célèbre portail pour pénétrer à l'intérieur. On s'asseoit sur un banc de l'église, on sent vibrer le passé et on pense: eh bien, s'il fallait un jour écrire quelque chose d'un peu plus important – un roman peut-être – Frauenchiemsee ne serait pas un endroit désagréable pour cela.

Enfin même Garmisch vaut une visite. Le touriste doit apprendre à distinguer les deux parties de la double localité, Garmisch-Partenkirchen. Partenkirchen est jeune, neuf, moderne. Son quadrillage de rues rappelle presque l'Amérique. Notre vision idyllique des vacances, notre carte postale de la Bavière, c'est Garmisch, un peu moins rustique, un peu moins terre à terre qu'ailleurs. Garmisch est une élégante station climatothérapique avec une note internationale.

Une pluie douce tombait sans s'arrêter. Je décidais donc de me rendre au casino de Garmisch. Il n'y a pas grand-chose à en dire à moins que l'on y soit chanceux. Mais ce n'est vraiment pas une raison suffisante pour se rendre en Bavière. Il faut tout simplement aimer la Bavière. Le pays est un cosmos qui a beaucoup à offrir. Il faut simplement choisir ce que l'on aime: nager, faire de la voile, pêcher, faire de la randonnée en montagne, marcher ou tout simplement boire du café dans le jardin de l'hôtel, visiter des églises et autres curiosités artistiques ou simplement bien manger – juste avant l'abbaye

disembarking, one wanders across the island. The farmhouses, and fishermen's cottages make a sleepily romantic impression. It is like everyone's ideal island: tranquillity, peace, seclusion, no cars.

The houses, with their masses of flowers, seem to form part of the landscape; they are set in picturesque gardens in which holidaymakers sit with nothing on their minds but coffee and cake. Washing flutters in the breeze, boats are drawn up onto the beach, anglers cast their lines – a real holiday atmosphere – and the old Minster with its Romanesque frescoes is waiting to be visited.

A cool waft of history greets the visitor when he passes through the famous portal into the interior. One sits down in a pew, senses the vibrations of the past, and thinks: hm, if I ever want to write a longer piece, a novel, perhaps, Frauenchiemsee would not be a bad place to work in.

Even Garmisch (which forms part of the larger community of Garmisch-Partenkirchen) is well worth a visit. The tourist should learn to distinguish between the two parts. Partenkirchen is young, new, modern. The grid system of its streets is reminiscent of America. Our holiday idyll, our postcard Bavaria is in Garmisch – a little less rustic, a little less down-to-earth than other parts of the region. Garmisch is an elegant health resort, with a touch of the great wide world about it.

It rained gently but persistently in Garmisch, so I went to the Casino. There is not much to be said for it, unless you have a lucky streak, so it is certainly not a sufficient reason in itself for visiting Bavaria.

Bavaria is a place to fall in love with. It is a cosmos in itself, with a lot to offer to everyone. It is a question of choosing one's own favourite activity. Swimming, sailing, rowing, angling, mountain climbing, walking, or just drinking coffee in the hotel garden, or visiting the churches and culture-vulturing in general, or simply eating well – as we did near Ettal Monastery, for example. Everything is neat and clean, the service is friendly, and the prices moderate. It is su-

Ecken, wo man für den Frankfurter Frühstückspreis im Nobelhotel eine sehr solide Übernachtung mit Frühstück findet.

Zu raten ist vor allem die Herbstsaison. Ich stelle es mir im September, Oktober am Tegernsee, am Walchensee, in Benediktbeuern eigentlich noch schöner, nachdenklicher und stiller vor. Ich stelle mir vor, daß es nicht regnen wird, daß es nicht kalt und neblig sein wird, wie an manchen Augusttagen. Der Mensch lebt ja von solchen Visionen. Man nennt sie die Hoffnung.

Was ist im ganzen zu sagen? Es bleibt kein Rest des Erstaunens, Entdeckens, Suchens. Bayern ist vollkommen identisch mit sich und unserem Erwartungsbild. Es fällt dem Urlauber fast mühelos in den Ferienschoß. Man geht immer an Almen, an Kruzifixen, an Bierwirtschaften vorbei und sagt: Bitte, ist es nicht exakt, wie wir es erhofften? Dieses Land trügt nicht, es ist grundsolide, es erfüllt alle Erwartungen.

Natürlich liegt in so viel Erfüllung auch schon ein geheimer Widerhaken. Es ist vielleicht gar nicht gut, den Menschen vollkommen zufriedenzustellen? Man möchte in Bayern immer und überall »How lovely« sagen. Das ist der Haken. Es erinnert mich immer wieder an das Paradies. Es ist fast zu schön – für uns Menschenkinder.

d'Ettal par exemple. Tout est propre, le personnel affable et les prix modérés. Il est superflu de faire ici l'éloge de la bière. Il existe encore des villages reculés, des coins tranquilles ici où pour le prix d'un petit déjeuner dans un hôtel de luxe à Francfort on peut trouver une chambre correcte avec petit déjeuner.

L'automne est particulièrement agréable. Je pense qu'au mois de septembre ou octobre au Tegernsee, au Walchensee, à Benediktbeuern c'est encore plus beau, plus paisible. Je m'imagine qu'il ne pleuvra pas, qu'il ne fera pas froid et brumeux comme certains jours du mois d'août. L'homme vit de ses rêves. C'est son espoir.

Comment peut-on conclure? La Bavière est parfaitement identique à ce que nous attendons d'elle: pas de surprise, pas d'étonnement, pas de déception. On passe à côté de pâturages, de croix, d'auberges et l'on se dit: n'est-ce pas exactement ce que l'on attendait? Ce pays ne trompe pas, il répond à toutes vos attentes. Bien sûr, il y a peut-être un hic quelque part. Il n'est peut-être pas bon de satisfaire tout à fait les gens. Où que vous alliez en Bavière, vous avez toujours envie de dire «How lovely». C'est là le problème. C'est comme le paradis, c'est presque trop beau pour nous autres humains.

perfluous to praise the beer. There are quiet, remote villages, peaceful places, where, for the price of a breakfast in a luxury hotel in Frankfurt, you can still get a decent room with breakfast included.

The autumn season is particularly pleasant. I can imagine that September or October by Lake Tegern or Lake Walchen, or in Benediktbeuern, is even quieter and more restful. I can imagine that then it may not be not rainy, or cold and misty, as it can occasionally be in August. Man thrives on such visions. They are called hope.

How can one sum it up? Bavaria is Bavaria; it is just what we expect it to be; there are no surprises, no revelations – but at the same time, no disappointments. One walks past mountain idylls, wayside crosses, inns, and says: it really is exactly the way we hoped it would be. Bavaria does not deceive, gives value for money, fulfils all one's expectations.

Of course there must be a catch in it somewhere. Is it perhaps not ideal to provide total satisfaction? The only appropriate remark, wherever you go in Bavaria is: how lovely! That is the catch. It is like the Garden of Eden, and so for ordinary people like us it is almost too perfect.

◄ **Unterfränkische Idylle in Miltenberg am Main.** Eng schmiegen sich die Häuser um das Mainknie. Die beiden barocken Türme der Pfarrkirche St. Jakobus überragen weithin sichtbar die hohen Fachwerkhäuser.

▼ **Am Marktplatz von Miltenberg.** Jahrhundertealte Häuser mit Steilgiebeln gruppieren sich um den Renaissancebrunnen, allen voran das Hohe Haus mit dem Erker.

◄ **Image idyllique à Miltenberg sur le Main.** Les maisons se blotissent autour d'une boucle du Main. Les deux tours baroques de l'église paroissiale St.-Jacob dominent de loin les hautes maisons à colombage.

▲ **Sur la place du Marché de Miltenberg.** Des maisons centenaires aux pignons raides se groupent autour de la fontaine Renaissance.

◄ **Miltenberg on the Main – an idyll in Lower Franconia.** The houses huddle close to the bend in the Main. The twin Baroque towers of the parish church of St James rise high above the half-timbered houses.

▲ **Miltenberg Market Place.** Centuries-old, the houses with their tall gables are grouped round the Renaissance fountain.

183

◄ **Die Festung Marienberg von Würzburg.** Gegenüber der barocken Altstadt von Würzburg liegt hoch über den Weinbergen die Festung Marienberg. Im Vordergrund eine der steinernen Heiligenfiguren auf der Alten Mainbrücke.

▲ **Christkindlesmarkt in Nürnberg vor der Frauenkirche.** Da werden Assoziationen wach von Lebkuchen, Bratwürsten, Spielwaren, Albrecht Dürer, Gotik und Hans Sachs.

◄ **La forteresse de Marienberg à Würzburg.** En face de la vieille ville baroque de Würzburg se dresse au-dessus des vignobles la forteresse de Marienberg. Au premier plan, un des saints en pierre de l'Alte Mainbrücke.

▲ **Le marché de Noël à Nuremberg devant l'église Notre-Dame.**

◄ **Marienberg Fortress, Würzburg.** The fortress towers above the vineyards and looks down on the Baroque Old Town of Würzburg. In the foreground: a stone figure of a saint on the Old Bridge over the Main.

▲ **The Nuremberg Christmas Market in front of St Mary's Church.** A whole array of associations is invoked: ginger bread, grilled sausages, toys, Dürer, Gothic architecture, Hans Sachs.

◄ **Rothenburg ob der Tauber.** Das ist die Landschaft Tilman Riemenschneiders, ein Ausflug ins Mittelalter. Entlang der 3600 Meter langen Stadtmauer können die alten Verteidigungsstrategien studiert werden.

▼ **Bamberg.** Blick vom Schloß Geyerswörth auf den Dom (links), die Residenz (Mitte), die Michaelskirche (im Hintergrund) und das Rathaus an der Regnitz.

◄ **Rotheburg ob der Tauber.** C'est le paysage de Tilman Riemenschneider, une excursion dans le moyen âge. Le long des 3600 mètres du mur d'enceinte, on peut étudier les anciennes stratégies de défense.

▲ **Bamberg.** Vue du château de Geyerswörth sur la cathédrale (à gauche), la Résidence (au milieu), l'église St.-Michel (au fond) et l'hôtel de ville sur la Regnitz.

◄ **Rothenburg ob der Tauber.** This is Tilman Riemenschneider's country – an excursion into the Middle Ages. The 3,600-metre-long town wall is a lesson in medieval military architecture.

▲ **Bamberg.** View from Geyerswörth Castle of the Cathedral (left), the Palace (centre), St Michael's Church (background), and the Town Hall on the River Regnitz.

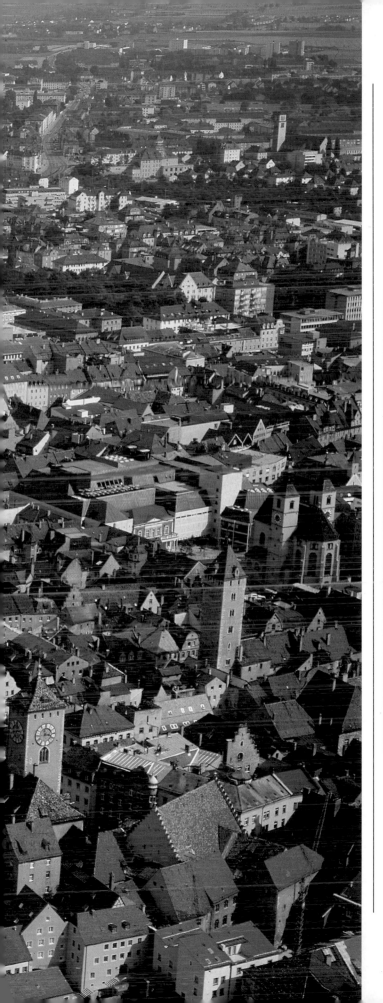

◀ **Das zweitausend Jahre alte Regensburg.** Es gibt kaum eine ältere Stadt, die schon im Mittelalter eine Großstadt war. Neben dem gotischen Kathedralbau des Doms St. Peter und Paul besticht die über 800 Jahre alte Donaubrücke, die dem heutigen Verkehr noch voll gewachsen ist.

▼ **Der Donaudurchbruch bei Kelheim.** Bevor die Donau durch Regensburg fließen darf, muß sie sich erst durch das enge Tal zwischen Kloster Weltenburg und Kelheim zwängen.

▶ ▶ **Die Altstadt von Passau zwischen Donau und Inn.**

◀ **Ratisbonne, une ville vieille de 2000 ans.** Il n'existe guère une ville plus ancienne qui ait été dés le moyen âge une grande ville.

▲ **La percée du Danube près de Kelheim.** Avant de pouvoir traverser Ratisbonne, le fleuve doit se frayer un passage entre le couvent de Weltenburg et Kelheim.

▶ ▶ **La vieille ville de Passau sur l'étroite bande de terre entre le Danube et l'Inn.**

◀ **The two-thousand-year-old city of Regensburg.** Regensburg was already a large city in the Middle Ages.

▲ **The Danube Gorge, near Kelheim.** Before reaching Regensburg, the Danube forces its way through the gorge between Kelheim and Weltenburg Abbey.

▶ ▶ **The Old Town of Passau on the narrow peninsula between the Danube and the Inn.**

◀ **München.** Allen Sehenswürdigkeiten voran die Frauenkirche, das Wahrzeichen Münchens, mit den beiden Kuppelhauben, rechts davon ein Eckturm des Rathauses. Im Hintergrund ziehen von links nach rechts die Blicke auf sich: die Kuppel des Justizpalastes, der Fernsehturm auf dem Olympiagelände und das BMW-Hochhaus.

▼ **Viktualienmarkt.** Wer knackig frische Gaumenfreuden einkaufen und dabei noch eine Brotzeit im Biergarten einnehmen möchte, ist auf dem Viktualienmarkt gut aufgehoben.

◀ **Munich.** En tête des curiosités, la Frauenkirche, le symbole de la ville, avec ses deux bulbes, à droite une tour d'angle de l'hôtel de ville. Au fond, on peut voir, de gauche à droite, la coupole du palais de justice, la tour de télévision sur le terrain olympique et l'immeuble de BMW.

▲ **Le Viktualienmarkt.** L'endroit idéal pour faire son marché et boire ensuite une bière en plein air.

◀ **Munich.** Munich's symbol – the twin-towered Cathedral – with, on the right, part of the Town Hall. From left to right in the background: the cupola of the Palace of Justice, the TV Tower in the Olympic Park, and the BMW high-rise building.

▲ **The Main Food Market.** Equally suited for shopping and sightseeing, and for a quiet glass in a beer garden.

Die Wiesn, das Münchner Oktoberfest. Wenn im September zwei Wochen lang das Oktoberfest gefeiert wird, kommen Einheimische und »Zuagroaste« (Zugereiste) bei einer »Maß« (1 Liter) oder mehr buchstäblich auf ihre Kosten.

La Theresienwiese et la fête de la Bière. Les Munichois l'appellent tout simplement «d'Wies'n» (les prés). C'est ici que se célèbre chaque année fin septembre début octobre la fameuse fête de la Bière où les autochtones et les étrangers font une grosse consommation de cette boisson.

The Munich Oktoberfest. The Oktoberfest – the Beer Festival – which takes place in September, is Munich's most popular attraction, and needs no introduction!

► **Neuschwanstein, das Märchenschloß eines Mär-chenkönigs.** *Bayerns König Ludwig II. galt bei man-chen als verschwendungssüchtig, realitätsfern und schließlich noch geistig umnachtet, die Bayern sind dennoch stolz auf ihn und seine Märchenschlösser.*
▼ **Das Festspielhaus in Bayreuth.** *König Ludwig II. war Richard Wagners Gönner und Förderer. Beide hatten ähnliche Visionen: Die Mythen des Mittelalters sollten wieder lebendig werden. Hier in pracht-vollen Schlössern, dort in der Vertonung von Heldenepen.*

► **Neuschwanstein, un château de conte de fées.** *Même si le roi Louis II fut taxé de dépensier, de rêveur et finalement d'aliéné mental, les Bavarois sont fiers de leur roi et de ses châteaux.*
▲ **Le théâtre Richard Wagner à Bayreuth.** *Le roi Louis II de Bavière fut le protecteur de Richard Wagner. Tous deux avaient les mêmes visions, ils vou-laient faire revivre les mythes médiévaux.*

► **Neuschwanstein, a fairytale king's fairytale castle.** *Even though Bavaria's King Ludwig II was re-garded as madly extravagant, eccentric, and even mentally deranged, the Bavarians are still proud of him and his castles.*
▲ **The Bayreuth Festival Theatre.** *Ludwig II was Wagner's sponsor. Ludwig wished to revive the medieval sagas in his architecture, Wagner in his music.*

Die Wieskirche bei Steingaden. Was von außen noch zurückhaltend und schlicht wirkt, entpuppt sich beim Eintreten als geniales Prachtwerk des bayrischen Rokoko. In ihrer Stilreinheit ist die Wies unerreicht. Zum Hochaltar hin verdichten sich Formen und Farben in der Darstellung der Menschwerdung Christi zu reiner Lebensfreude.

L'église de la Wies près de Steingaden. Ce qui de l'extérieur paraît encore très sobre se révèle être à l'intérieur une œuvre géniale et somptueuse du rococo bavarois. Par la pureté de son style, la Wies est inégalable. Au maître-autel, les formes et les couleurs sont une pure explosion de joie de vivre.

The Wies Church, near Steingaden. Although simplicity itself on the outside, its interior is a magnificent example of Bavarian Rococo, pure in style, yet full of pious exuberance.

▶ **Der Chiemsee.** Drei Inseln liegen im »Bayrischen Meer«, vorne die Fraueninsel mit dem Kloster Frauenwörth, dahinter die unbewohnte Krautinsel, die als Gemüsegarten des Klosters benützt wird, dahinter Herrenchiemsee, wo Ludwig II. ein neues Versailles hat bauen lassen.
▼ **Kloster Seeon am gleichnamigen See.**

▶ **Le Chiemsee.** Trois îles se trouvent dans la «mer de Bavière»: devant la Fraueninsel avec le couvent des bénédictines, derrière la Krautinsel inhabitée qui sert de potager au couvent, derrière encore le Herrenchiemsee où Louis II se fit construire un nouveau Versailles.
▲ **Le couvent de Seeon sur le lac du même nom.**

▶ **Lake Chiem.** Three islands lie in the "Bavarian Ocean" – in the foreground Fraueninsel, with Frauenwörth Convent, then the uninhabited Krautinsel, used by the nuns as a kitchen garden, then Herrenchiemsee, with Ludwig II's "new Versailles".
▲ **Seeon Monastery, on the Lake of the same name.**

▶ **Das Berchtesgadener Land.** Im äußersten Süd-osten Bayerns liegt das Berchtesgadener Land in einem Talkessel zwischen den Felsengipfeln des Hochgebirges. Von Schönau (links) aus beginnt der Königssee mit seinem 8 Kilometer langen und bis zu 200 Meter tiefen Bett.

▼ **Almabtrieb.** Neben dem Fremdenverkehr ist die Almwirtschaft wichtigster Erwerbszweig in der Alpenregion. Von Mitte September bis spätestens Martini muß das Vieh ins Winterlager gebracht werden.

▶ **Le Berchtesgadener Land.** Il se situe à l'extrêmité sud-est de la Bavière dans une vallée encaissée. A partir de Schonau (à gauche) commence le Königs-see avec son lit de 8 kilomètres de long qui peut atteindre 200 mètres de profondeur.

▲ **La transhumance.** De la mi-septembre jusqu'à la Saint-Martin au plus tard, les bêtes doivent redescendre dans la vallée.

▶ **The Berchtesgaden region.** In the extreme southeast of Bavaria, surrounded by high mountains, lies the Berchtesgaden Basin. At Schönau (left) begins romantic Lake König, cut deep into the rock.

▲ **Driving the cattle down from the Alpine pastures.** Mountain farming is the most important industry in the Alps after tourism. From mid-September the cattle are taken down to their winter quarters.

► **Die Alpen am Spitzingsee.** Südlich von Tegern- und Schliersee schließt sich das Mangfallgebirge an, eine Voralpenregion mit Wald- und Latschenfeldern. Für die Münchner Skihasen ein beliebtes Wintersportgebiet. Auch für Wandersleut bieten sich prächtige Ausblicke.

▼ **Die Zugspitze mit Wetterstation und Gaststätte.** Der Hauptgipfel des Wettersteingebirges erreicht 2962 Meter Höhe. Bei guter Sicht eröffnet sich ein großartiges Panorama vom Säntis bis zum Großglockner.

► **Les Alpes au Spitzingensee.** Au sud du Tegernsee et du Schliersee se trouve le massif de la Mangfall, une région de Préalpes avec des forêts de pins.

▲ **La Zugspitze avec station météorologique et restaurants.** Le sommet principal du massif du Wetterstein atteint 2962 mètres. Par temps clair, on bénéficie d'un splendide panorama du Säntis jusqu'au Grossglockner.

► **The Alps near Lake Spitzing.** To the south of lakes Tegern and Schlier begin the Mangfall Mountains, a forested sub-Alpine region.

▲ **Mt Zugspitze, with weather observatory and restaurant.** The main peak of the Wetterstein Mountains rises to 2,962 metres. From the top, on clear days, there is a magnificent view ranging from the Säntis Massif to Mt Grossglockner.

Ortsregister / Index alphabétique / Alphabetical Index

Die Seitenzahlen verweisen auf die Bildtexte.
Les Numéros renvoient aux legendes.
The page numbers refer to the captions.

Aachen 87
Altensteig 172

Basteifelsen 148
Bautzen 153
Bayreuth 196
Berchtesgadener
    Land 202
Bergarbeiter 93
Berlin 4, 9, 11, 12, 15
Binz 32
Bonn 82
Brandenburg Stadt 22
Bremen 56
Bremm 122
Brocken 100
Brodersby 45
Buckow 20

Celle 67
Chiemsee 200
Cochem 122

Darfeld 96
Dresden 142, 145, 146
Duisburg-Ruhrort 91
Düsseldorf 89

Emmendingen 168
Erfurt 130

Feldberg 171
Frankfurt/Main 107
Frankfurt/Oder 26
Freiburg 172

Freudenberg 85
Frimmersdorf 91
Fürstenberg 119

Görlitz 153
Greetsiel 48
Großer Inselsberg 130
Gunnerbyer Noor 45
Güstrow 70
Gutenfels 119

Hamburg 59, 60
Harlinger Land 54
Haus Langen 96
Heidelberg 157
Helgoland 48
Hennesee 93
Hiddensee 34
Hohenzollernburg 163

Jostal 167

Kassel 103
Kelheim 189
Köln 78, 79
Königsstein 151
Kyffhäuser 134

Leipzig 139
Limburg 119
Lindau 176
Lübeck 43
Lüneburg 67
Lüneburger
    Heide 65

Magdeburg 139
Mainau 176
Malchow 72
Mannheim 157
Maria Laach 119
Meißen 140
Miltenberg 183
Mölln 62
Moritzburg 145
München 193, 194

Neuschwanstein 196
Nord-Ostsee-Kanal 40
Norderney 46
Nürnberg 185

Odenwald 108
Osterzgebirge 142

Passau 189
Pfälzerwald 116
Potsdam 18

Quedlinburg 100

Ratzeburg 62
Regensburg 189
Reuterstadt
    Stavenhagen 74
Röbel 72
Rostock 39
Rothenburg 187
Rötteln 172
Rügen 30, 32
Ruhr 85

Saarlouis 127
Sachsenstein 99
Sankt Blasien 171
Sankt Martin 115
Schwäbische Alb 163
Schwarzatal 130
Schwerin 70
Spitzingsee 204
Spreewald 20
Steinkirchen 158
Stralsund 36
Stuttgart 161

Tollensesee 74
Trier 124
Tübingen 164

Uckermark 25

Wagrien 52
Warnemünde 39
Wartburg 134
Wasserkuppe 104
Wattenscheid 93
Weikersheim 158
Weinheim 108
Wiesbaden 113
Wieskirche 199
Wittenberg 134
Worms 115
Würzburg 185

Zugspitze 204

In unserer Bildbandreihe sind erschienen:
Ouvrages parus dans notre collection:
Our series of illustrated books includes the following titles:

Die Schweiz
La Suisse · Switzerland

Das Hohenloher Land
Le pays de Hohenlohe · Hohenlohe Land

Der Rhein
Le Rhin · The Rhine

Bayern
La Bavière · Bavaria

Der Neckar
Le Neckar · The River Neckar

Die Schweizer Alpen
Les Alpes suisses · The Swiss Alps

Die schönsten Gipfel der Welt
Les sommets du monde · The world's greatest peaks

Der Schwarzwald
La Forêt-Noire · The Black Forest

Schönes Europa
Merveilleuse Europe · Beautiful Europe

Deutschland
Allemagne · Germany